Günter K. P. Starke · Mensch sei helle…

W0247086

Günter K. P. Starke

Mensch, sei helle…

Braunschweiger Originale,

wer sie waren, und wie sie lebten . . .

Mit Zeichnungen von Ilse Ewald

Joh. Heinr. Meyer Verlag

© 1987 bei Verlag Joh. Heinr. Meyer, Braunschweig
1. Auflage August 1987
2. Auflage Dezember 1987
3. Auflage März 1988
Alle Rechte vorbehalten
Nachdruck – auch auszugsweise – nur mit
besonderer Genehmigung des Verlages.
Reproduktion und Druck: Joh. Heinr. Meyer
Druckerei und Verlagsanstalt, Braunschweig
Printed in Germany 1987
Bildarchiv: Ring-Foto Lange, Braunschweig
und Elisabeth E. Kwan
Fotos: Elisabeth E. Kwan, Braunschweig
Umschlagfoto Rückseite: Rudolf Flentje

Inhaltsverzeichnis

Brunsewyk, du leiwe Stadt
vor vel dusend Städten...

Originale – eine Bezeichnung für Sonderlinge, für Menschen mit ureigenen Gewohnheiten, mitunter mit auffälliger Kleidung, mit abwegigen, aber auch erstaunlichen Veranlagungen. Sie überraschten, amüsierten die Menschen – jedes auf anderer Weise – mit komischen Auftritten in den Straßen, in Gaststätten und auf Messen sowie bei anderen Gelegenheiten. Diese Typen, seltsamen Charaktere waren bereits um die Jahrhundertwende nur vorstellbar in kleineren Lebensbereichen. Und man prophezeite ihnen zu jener Zeit bereits das Aussterben.

Etwa um 1900 wurde von „Originalen älterer Zeit" gesprochen. Denn die damalige moderne Zeitströmung duldete die Typen nicht mehr, die Sonderlinge, die in den engen Straßen, in den alten Fachwerkhäusern nicht selten ein erbärmliches Leben führten. Braunschweig mit damals etwa 70 000 bis 80 000 Einwohnern war auf dem besten Wege, eine Großstadt zu werden. Und man war verständlicher Weise stolz darauf. Aber es gab außer den in die Zukunft blickenden Menschen, die die Stadtentwicklung, das Neu-Braunschweig mit den breiten Straßen der Außenbezirke, die sich weit in die umliegenden Felder hineinerstreckten, begrüßten, auch die Bürger, die sich gern an das Alt-Braunschweig erinnerten. Die Stadt Heinrichs des Löwen war großstädtischer, aber nicht gemütlicher geworden. Und die Originale blieben ihnen noch viele Jahre erhalten.

Es muß gewiß ein besonderes Erlebnis gewesen

sein, den Fortschritt, das Wachsen der Stadt zu beobachten, einen Spaziergang um und durch das Braunschweig der Jahrhundertwende zu machen. Da präsentierten sich die eleganten Villenviertel, die neuen Okerbrücken, die modernen Gymnasien und anderen Schulen; man sah die vielen Schlote der Fabriken, die in Pracht und Luxus erbauten Hotels, die feinen Cafe-Häuser, Brauereien, Bier- und Weinschänken, die vielen tausend Gasflammen und elektrischen Sonnen, die die Nacht zum Tage machten, das Wasserwerk, die prachtvollen Ausstattungen der Geschäfte mit ihren großen Schaufensterscheiben – kurz: Das pulsierende Leben einer Großstadt.

Eigentlich sollte es nicht verwundern, wenn unter diesen Aspekten die Auffassung vertreten wurde, daß die Originale Bilder der Vergangenheit sein mußten, sie eine Erscheinung früherer Tage waren. Sie paßten nach der damaligen Meinung in das alte Braunschweig, in die erste Hälfte bis etwa in die Mitte des vergangenen Jahrhunderts, in die alte verträumte Stadt ohne Bahnhöfe, ohne die Fabriken und die modernen Errungenschaften. Originale paßten in die Straßen, engen Gassen mit ihren spärlichen Öllaternen, die oftmals nicht brannten, wenn Mondschein im Kalender stand, wo die Nachtschwärmer bei starken Gewittern und Regengüssen bei der herrschenden Dunkelheit in den angeschwollenen Gossen und in dem Schlamm vor den stets verstopften Straßenabzügen einsanken.

Eine Stadt wächst, wird geprägt von den Menschen, die in ihr leben. Und zu diesen gehörten auch die Originale, die, mit wenigen Ausnahmen, ein schweres

10

Los zu tragen hatten. Waren es bei den Bürgern die Persönlichkeiten aus Kunst, Wissenschaft und der Literatur, die ihr Interesse weckten, so kann man mit Fug und Recht sagen, daß die Originale für die unteren Schichten der Einwohner oft für beliebten Gesprächsstoff sorgten. Und so kam es wohl auch, daß so manche Anekdote über sie bis heute unvergessen blieb. Man liebte sie ihrer Schwächen wegen.

Natürlich denken die Braunschweiger in erster Linie an die „jüngsten", an die vier typischen Originale der Stadt. Sind sie ihnen doch noch fast gegenwärtig. Es sind die Harfen-Agnes, der Rechen-August, der Deutsche Hermann und der Tee-Onkel. Mancher Einwohner hat noch ganz persönliche Erinnerungen an sie, hat das mit ihnen Erlebte oder Gehörte weitergegeben an Kinder und Großkinder. Einige Bürgerinnen und Bürger halten das Andenken an die Sonderlinge aufrecht, indem sie in ihre Rollen, in ihre „Kostüme" schlüpfen – sie imitieren.

Wer waren diese Menschen, die Originale, die oft den Spott ihrer Umwelt ertragen mußten, über die gelacht wurde, die nicht selten mit Schmutz beworfen wurden, die bemitleidet wurden und doch geliebt – auf eine ganz eigene, besondere Art; die man verehrte und auch verächtlich behandelte? Auf einen Nenner gebracht: Sie waren ganz einfach bedauernswerte Geschöpfe, Menschen, denen das Schicksal nicht sonderlich gesonnen war.

Es wird in den meisten Fällen immer ein Rätsel bleiben, wie diese Menschen ihr Dasein selbst empfanden, wie es wohl auch nie ergründet werden wird, wer Till Eulenspiegel eigentlich wirklich war. Bedeutende Historiker glauben, ihn, den durch seine „Gastrollen" in Braunschweig unvergessenen Schelm, als „Verbrecher, Zyniker und Kinderhasser sowie Betrüger" entlarvt zu haben. Haben sie ihn wirklich erkannt? Während die Menschen darüber nachdenken, sitzt er, auf dessem Denkmal in Kneitlingen steht: „Ein Narr, Schalk, Weiser, ein Mensch –" fröhlich auf dem Brunnenrand am Bäckerklint in Braunschweig und lächelt sein unergründliches Lächeln.

Das war ihr Milieu…

...hsstraße mit Dom

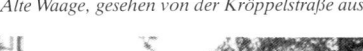

An der Brüdernkirche

...winkel, Eulenspiegelhaus, vor 1907

Alte Waage, gesehen von der Kröppelstraße aus

Hagenmarkt-Apotheke

Hotel Bayerischer Hof am Ölschläg

Mumme-Haus

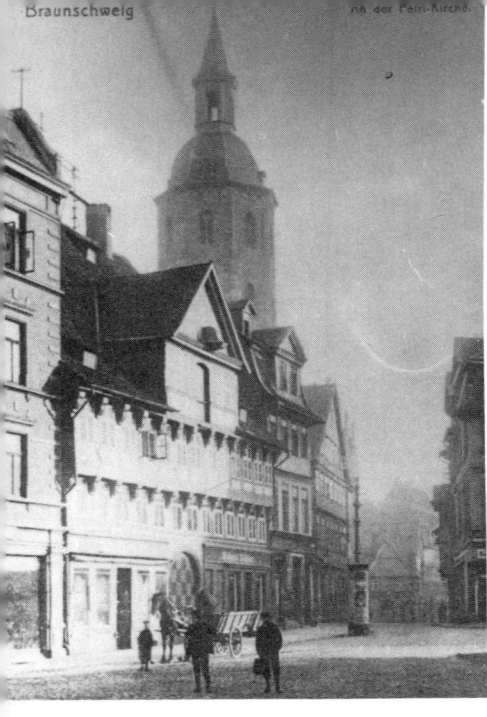

Braunschweig
An der Petri-Kirche

An der Petri-Kirche

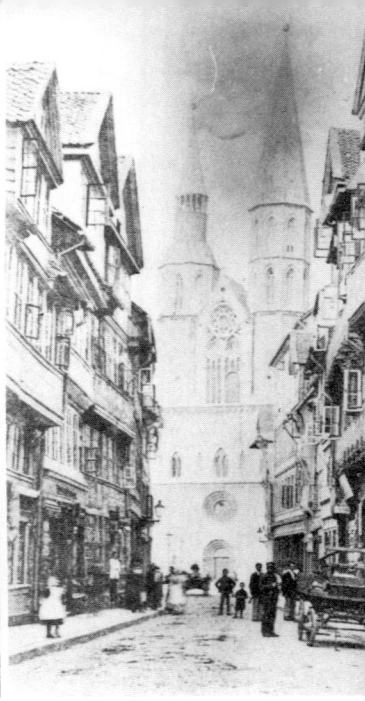

Hagenbrücke mit Katharinenkirche

Das Achtermannsche Haus, Wohnung des Bürgerme
erb. 1536, nach 1945 wieder aufgebaut von Wullbrandt +

Neue Knochenhauerstraße

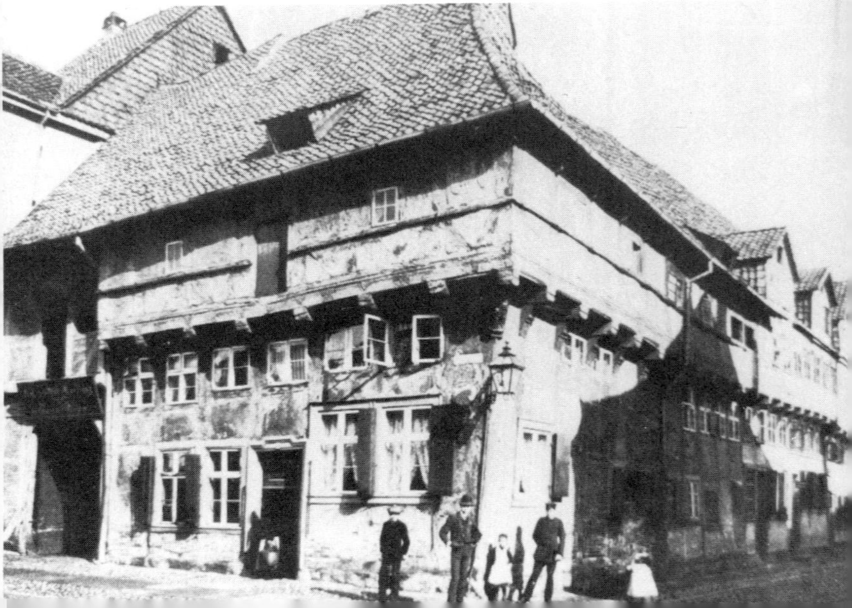

Hof der ehemaligen Nationalbrauerei,
Wendenstraße 5, 1911

Meinhardshof

Nickelnkulk mit St.-Andreas-Kirche

ck in die Lange Straße

Ölschlägern
Ackerhof 1906

Hof Langedammstraße 7

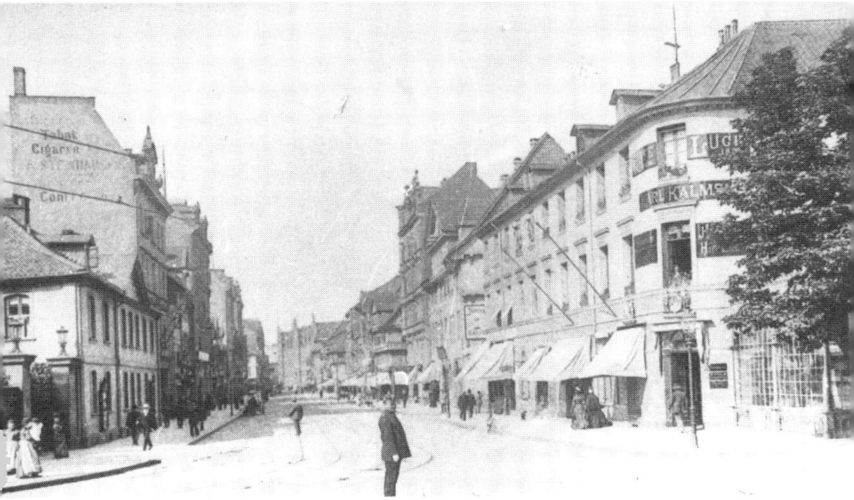

...inweg vom Theater

...helmstraße (1910)

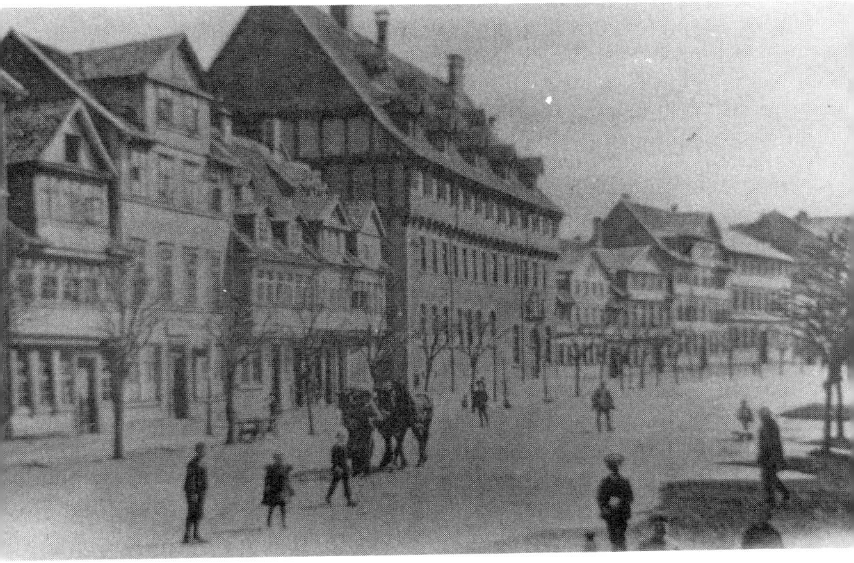

Harfen-Agnes

„Mensch, sei helle..." Harfen-Agnes hat diesen Braunschweiger Schlager kreiert und ihn immer wieder in Kneipen, auf Plätzen, in Straßen und Gassen in Braunschweig gesungen. Sie gehörte zu den stadtbekannten Originalen, die in die Geschichte eingegangen sind.

Im Jahre 1931 erschien in der „Braunschweiger Nachtpost" eine Notiz mit der Überschrift „Trauermarsch um Harfen-Agnes", die folgenden Wortlaut hatte und fast schon einer Liebeserklärung glich:

„Mensch, saa hellä... Wer hat sie nicht mal singen hören? Mensch, saa hellä, un wenns aoch duster ist... Man sollte den Mut nicht verlieren, Kopf hoch, zum Donnerwetter nochmal, es kann uns doch nicht immer dreckig gehen. Agnes selber aber scheint alle Courage verloren zu haben. Jäjija, baa diese schlechten Zaatens... Im Ernst: Es geht ihr nicht gut. Sie kriegt oft Krämpfe, das ist etwas Tieftrauriges. Aber das Tragische ist, daß man von Agnes eben nichts Trauriges erwartet. Daher kommt es, daß jeder glaubt, sie wäre sternhagelbesoffen, wenn sie Krämpfe hat. Dabei wird sie wirklich von Krämpfen befallen. Aber niemand glaubt sie ihr. Einmal sperrte man sie sogar ins Haftlokal, da man sie für betrunken hielt. Kennt ihr die Geschichte von dem Clown, der während seines Spielens in der Arena erfuhr, daß seine Mutter gestorben war? Nun, der Clown rannte wie irrsinnig in der Manege umher und rief andauernd: „Meine Mutter ist tot!" Worüber sich das Publikum vor Lachen wälzte.

Seht ihr, so ähnlich ist die Geschichte mit Harfen-Agnes. Sie ist nun 66 Jahre alt geworden, hat kaum zu leben und muß ganze zwölf Mark Steuern zahlen, weil sie ein Gewerbe betreibt. (Jaja, das Finanzamt!) Sie verdient ihr Geld bestimmt nicht leicht, oft genug geschieht es, daß irgendein Lausebengel sie ärgert oder gar die Harfe mutwillig beschädigt. Man sollte etwas mehr Verständnis aufbringen können. Ihre Guitarre ist wieder mal kaputt. Agnes kann nicht spielen. Und wenn sie nicht spielen kann, hat sie auch nichts zum Leben. Es ist eine Affenschande. Ob sie das Lied noch singt? – Mensch, saa hellä, un wenns aoch duster is...! Wir haben es alle verlernt."

Wer zu jener Zeit als Fremder nach Braunschweig gekommen war und diesen kleinen Artikel in der Lokalzeitung unten links gelesen hatte, mag sich gefragt haben, wer ist diese Harfen-Agnes eigentlich, die man so offenkundig ins Herz geschlossen hat, daß man sie auf diesem Wege aufforderte, sich zu melden? Die Menschen vermißten sie, machten sich Sorgen um sie. Wo war sie?

Natürlich hatten die Braunschweiger das Lied nicht verlernt, und sie waren erst zufrieden, als sich Harfen-Agnes, wenn auch immer seltener, wieder in der Öffentlichkeit zeigte.

Immer wieder fälschlicherweise als Agnes Glindemann in den verschiedensten Veröffentlichungen erwähnt, deren Vater Hans Schornofsky (genannt Glindemann), ein fahrender Sänger, gewesen sein soll, war ihr wirklicher Name laut Taufbescheinigung Agnes Adolphine Agathe Schosnoski. Sie war die uneheliche Tochter der Henriette Caroline Charlotte

Schosnoski (geboren 27. Februar 1838) und wurde am 24. Januar 1866 mittags um 11 Uhr in Braunschweig geboren. Getauft wurde sie am 27. Februar 1866 in der evangelisch-lutherischen Kirche St. Magni zu Braunschweig. Während in der Rubrik Vater nur ein Strich zu vermerken ist, steht unter Paten der Name Carl Adolph Julius Glindemann, Maurer, allhier. Nun können selbstverständlich Vermutungen angestellt werden, aber dieses sind die Fakten.

Zur Person der Harfen-Agnes, die übrigens nichts, auch gar nichts mit einer Harfe zu tun hatte, sondern ihre gesungenen Lieder stets auf einer Gitarre begleitete, ist zu sagen, daß sie mehr als ein bedauernswertes Geschöpf war. Schon früh ihre Mutter verloren, wurde bald festgestellt, daß sie etwas schwachsinnig war. Sie konnte dem Schulunterricht nicht folgen und wurde darauf hin in die Kinderpflegeabteilung der Anstalt zu Bevern gebracht. Wie bekannt ist, hat sie niemals das Lesen und Schreiben gelernt.

Im Alter von 14 Jahren soll Agnes zu ihrem Vater – wieder taucht der Name Hans Schornofsky auf – nach Braunschweig zurückgekehrt und von ihm im Bänkelgesang ausgebildet worden sein. Das Mädchen hatte viel Freude daran und zeigte, daß es sehr talentiert war. Seit ihrer frühesten Jugend zog Agnes nun durch die Straßen und die Kneipen der Stadt. Wo sie auftauchte, rief sie stets einen Menschenauflauf hervor. Auf der Braunschweiger „Masch" feierte sie ihre größten Erfolge. Kinder und Erwachsene gleichermaßen waren ihr Publikum. Leider wurde sie nicht nur gefeiert, sondern sehr oft auch verhöhnt, verlacht und in umglimpflicher Weise angepöbelt.

Mit ihrer Pelerine, ihrem riesigen Krempenhut und in ihren rosa Strümpfen bot sie natürlich ein urkomisches Bild – wurde aber bald so berühmt, daß ihre typische Erscheinung aus Braunschweigs Straßenbild nicht mehr wegzudenken war. Lange Zeit zog sie mit ihrem Partner „Flöten Bosse", der eigentlich von Beruf Schlachter war, umher, bis sie nach seinem Tod allein auftrat. Die so fröhlich erscheinende Harfen-Agnes hatte durch ihre epileptischen Anfälle sehr oft zu leiden. Viele Menschen wollten es nicht wahr haben und glaubten, wenn sie sich hier und da einmal einen Tropfen genehmigt hatte, sie sei volltrunken. War sie auch nicht abgeneigt, für ihre Darbietungen einmal einen „Kurzen" anzunehmen oder eine Molle zu trinken, so war ihr oftmals desolater Zustand dennoch nicht immer auf den Alkohol zurückzuführen, sondern ihrem schweren Leiden zuzuschreiben, so daß sie in vielen Fällen mehr Mitleid als Hohn und Spott verdient hätte.

Wie mag es in Harfen-Agnes mitunter ausgesehen haben? Sie hatte trotz ihrer Lieder, deren Texte oftmals mehr als zweideutig waren, ein kindliches, harmloses Gemüt, das aber leider häufig in nichtswürdiger Weise, wenn sie wieder einmal in einem hilflosen Zustand war, ausgenutzt wurde. Nicht selten wurde ihr die Gitarre gestohlen. Wer konnte sich da noch wundern, daß sie den betrunkenen Mannsbildern in koddriger Weise, so wie ihr der Schnabel gewachsen war, den „Marsch blies". Auch mit den Gassenjungen ging sie in solchen Momenten scharf ins Gericht: „Maak datte wegkummst, du Lusebengel, täuw man ick haale en Schandarm!" war oft zu hören, wenn sie ganz böse wurde. Und „Lattcher" war eine ihrer liebsten Vokabeln.

Um so erfreulicher ist es zu wissen, daß Harfen-Agnes von einer gutherzigen Frau mit Liebe umsorgt und gut gepflegt wurde, denn allein wäre sie kaum imstande gewesen, ihr Dasein zu fristen und die Braunschweiger zu unterhalten. Wenn sie auch keine große Künstlerin war, so soll sie doch eine recht angenehme Stimme gehabt haben. Näheren Kontakt mit ihren Mitmenschen oder gar Besuche lehnte sie grundsätzlich ab. Trotz ihrer nach außen zur Schau getragenen Freundlichkeit, war sie eine verschlossene Person und eine vernünftige Unterhaltung mit ihr kaum möglich.

Als sie bereits das 65. Lebensjahr erreicht hatte, bekam sie dennoch Besuch. Der Gast hatte die Absicht, mit Harfen-Agnes so ganz gemütlich zu plauschen, aber so einfach war dieses denn doch nicht. Bereits das Herausfinden ihrer Adresse bereitete ihm Schwierigkeiten. Jeder kannte sie als Harfen-Agnes, kaum jemand wußte aber ihren wirklichen Nachnamen. Das Meldeverzeichnis gab keine Auskunft über eine Agnes Glindemann und verriet schon gar nicht die Wohnung einer Harfen-Agnes. Der Herr mußte erst herausfinden, daß sie in der Weberstraße 47 im dritten Stock ein Zimmer bei der ihr vertrauten Wirtin Frau Pape hatte. Dieser gutherzigen Person und der Polizei verdankte der Besucher dann auch, der schon zu Lebzeiten zur Legende gewordenen Harfen-Agnes gegenüber zu sitzen.

Allerdings ereignete sich diese Begegnung nicht in ihrer Bleibe, sondern in der guten Stube der biederen Mutter Pape. In ihrem eigenen Apartment, das außer

einem Bett und einer Waschgelegenheit (Badezimmer
waren zu der Zeit für die Bürger in der Innenstadt
noch Luxus) kein weiteres Mobiliar aufwies und somit
jeglichen Komfort entbehrte, konnte Harfen-Agnes
ihn nicht empfangen. Ein Blick in das Zimmer zeigte
dem Mann, daß die Wände lediglich mit einigen aus

alten Illustrierten ausgeschnittenen Bildern geschmückt waren. Ärmlich – doch nicht unordentlich. Von Frau Pape erfuhr er, daß Agnes für ihr Zimmer monatlich neun Mark Miete zu bezahlen hatte, die sie auch stets pünktlich entrichtete.

Um so gemütlicher empfand der Gast seinen Aufenthalt in Frau Papes niedrigem Zimmer des Jahrhunderte alten winkligen Fachwerkhauses, das weniger romantisch war, als die Häuser in der heutigen Zeit oft schwärmerisch geschildert werden; wie auch „die gute alte Zeit" oder die „Goldenen 20er Jahre". Der Kaffee soll gut gewesen sein, und der Zuckerkuchen, den er selbst beigesteuert hatte, schmeckte der Agnes sehr, zumindest nach der Portion, die sie verdrückte, zu urteilen. Überhaupt soll Harfen-Agnes im allgemeinen einen guten Appetit entwickelt haben. Ihre körperliche Gesundheit ließ jedenfalls, trotz ihres Alters, nichts zu wünschen übrig. Wie Frau Pape erzählte, legte Agnes großen Wert auf Körperpflege. Ob Sommer oder Winter soll sie morgens gleich nach dem Aufstehen, und Agnes stand an jedem Morgen bereits um sechs Uhr auf, ihren ganzen Körper mit eiskaltem Wasser gewaschen haben.

Die Konversation mit Agnes war nicht ganz einfach. Sie sprach ihr Braunschweiger Platt, das selbst alteingesessene Bürger nur schwerlich verstanden. Sie quasselte so schnell dazu, daß nur die Hälfte von dem aufzunehmen war, was sie sich vom Herzen redete. Und Harfen-Agnes hatte ein volles Herz. Sie war verbittert, verbittert darüber, daß die Jugend sie als komische Figur umtobte und sie nicht selten mit „Päreschiete" bewarf, daß die Halbstarken – sie nannte sie

„freche Lusebengels" und sogar „Verbrecher" und „Banditen". Sie war verbittert darüber, daß sie oft Zielscheibe betrunkener „Lattcher" und deren Spötteleien ausgesetzt war. Einmal hätten Betrunkene ihr sogar die Haare abgeschnitten und sie mit einem Bubikopf versehen, so daß sie tiefgekränkt die Gastwirtschaft verlassen habe. Harfen-Agnes nahm in ihrer Verbitterung kein Blatt vor den Mund. „Halunken" war noch eine der mildesten Beschimpfungen gegen ihre Peiniger. Sie war an dem Nachmittag aber auch traurig über den schlechten Geschäftsgang. So klagte sie, daß sie auf der Messe, wo sie am Tage vorher gewesen war, nur 38 Pfennige und ein paar Hosenknöpfe eingenommen hatte. Der Ertrag eines ganzen Tages: Auch ihre Kunst ging nach Brot.

Dann erzählte sie, ein bißchen durcheinander, aber doch leidlich verständlich, von früheren Zeiten, wie sie mit ihrem Vater, der „Müerker" gewesen war, also Maurer oder Steinträger auf einem Bau, dann aber – er mit der Geige und sie mit der Mandoline – auf die Messen und Märkte der braunschweigischen Städte und auf die dörflichen Schützenfeste zog und dort Geld sammelte. Die gewaltige Summe von 18 Mark und 50 Pfennige habe man einmal an einem einzigen Tag verdient. Aber ganz plötzlich, in Erinnerung an diese selige Vergangenheit, stieg (im Hinblick auf die so traurige Gegenwart) bei ihr wieder die Verbitterung hoch. Unvermittelt schimpfte sie auf Gott und die Welt und über das „verfluchte Pack", das ihr die Gitarre zerbrochen hatte. Überhaupt ihr Instrument: Der Gast stellte fest, daß es etwas Rührendes an sich hatte, wie sie an ihrer Gitarre hing. Niemand durfte sie anfassen, auch nicht die gute Frau Pape, der einzige Mensch, auf den sie keinen Groll hatte. Daß ihr die „verdammten Lusebengels" alle Augenblicke die Saiten zerschnitten, störte sie weniger, trug sie mit Gelassenheit, denn sie waren nicht wichtig bei ihrem „Spiel", aber anfassen, nein, das duldete sie nicht. Passierte es dennoch, wurde sie fuchsteufelswild und giftig. Sehr oft bekam sie während ihrer Schimpfkanonaden einen Anfall ihrer Krämpfe, von denen Frau Pape viel Trauriges zu erzählen wußte.

Die Zeiten waren schlecht. Von den Messen oder der „Masch" brachte sie kaum noch etwas Geld nach Hause. In den Wirtschaften trieben die Menschen Spott und allerhand Schabernack mit ihr. Hin und wieder wird sie noch einmal zu Veranstaltungen eingeladen, um als Braunschweiger Original ihre Lieder vorzutragen. Aber es wurde immer seltener. Es war nicht mehr wie in früheren Tagen, als sie bei einem Karnevalsfest der Soldaten war und von der Bühne herab ihre Lieder sang und dafür zehn Mark Gage erhalten hatte, oder als sie noch für längere Zeit in Wilhelmsgarten auftrat. Es ging ihr wirklich schlecht, der Harfen-Agnes. Und wenn sich ihrer nicht die Armenhilfe angenommen hätte, dann hätte es für sie noch bedeutend schlechter ausgesehen.

Der Mann wollte die berühmte Harfen-Agnes kennenlernen und hatte eine bedauernswerte alte Frau angetroffen, die nichts anderes wollte, als ganz normal zu leben. Und als sie dann noch zu ihrer Gitarre griff und ihm Lieder aus ihrem Repertoire vortrug, mußte er gute Miene zum bösen Spiel machen. Denn ihre Couplets waren eher für geschlossene „Herrengesellschaften" geeignet. Außer ihrem bekanntesten „Mensch, saa hellä.." sang sie noch „Ferdinand, wie schön bist du mit deinen kapputtigen Augen, und jedes Mädchen lacht dir zu...", das Lied von „Meiner Schwiegermutter...", von der „Liebe und dem blauen Himmelszelt..." und das Lied von den Straßen der Braunschweiger Altstadt. Was sie da von der Mauernstraße, vom Klint, der Kaiserstraße und vielen anderen Straßen sang, behielt der Besucher für sich. Er verabschiedete sich von Harfen-Agnes, nicht ohne ihr noch „Handgeld" gegeben zu haben, um das sie ihn ungeniert gebeten hatte. Mit einem prickelnden Gefühl leiser Sensationslust war er zu ihr gegangen, mit Gedanken tiefen Mitgefühls für ein bedauernswertes Menschenkind verließ er sie und stieg die knarrenden Stufen der Treppe in dem alten Haus hinab. Auf der Straße blieb er noch einen Moment stehen. Die Sonne war untergegangen, und über den schiefen Dächern der verschachtelten Häuser zogen graue Wolken dahin.

Vieles aus Harfen-Agnes' Leben blieb im dunkeln, einiges wurde überliefert, aufpoliert und weitergegeben. Auch die sogenannte bessere Gesellschaft kam mit dem Braunschweiger Original in Berührung – wollte ihren Spaß haben. Vielleicht fühlten sich die Herrschaften, die Agnes einluden, um sich von ihr unterhalten zu lassen, ebenso „groß" wie der Straßenpöbel oder die „starken Männer" in den Kneipen, denn schließlich bezahlte man ja gut.

Jeder sucht sich seinen Umgang, der ihm paßt. Die feinen Herrschaften taten und tun das auch. Und so geschah es, daß man wieder einmal Unterhaltung suchte. Nach langen Bemühungen war es einem Freund des Hauses der Herrschaften gelungen, Agnes ausfindig zu machen und für einen Abend zu engagieren. Zu jener Zeit war Harfen-Agnes noch nicht 50 Jahre alt. Und sie sagte gern zu, weil der Herr so „schnieke" war und ihr ein gutes Honorar für ihren Auftritt zugesichert worden war.

Die Gastgeber wußten nicht, was auf sie zukommen sollte und warteten bereits ungeduldig. „Sie macht sich noch etwas zurecht und bittet, sich durch ein Lied vorstellen zu dürfen", sagte der Freund des Hauses. „Wenn sie nicht sofort alle Herzen gewinnt, will sie sang- und klanglos wieder gehen". „Das nenne ich eine Künstler-Idee", begeisterte sich der Gastgeber, ein Professor. „Ehrlich gesagt, find' ich's ein bißchen arrogant", sagte aus dem erlauchten Kreise die Hofopernsängerin. „Raffiniert ist's", stimmte der rundliche Musikdirektor bei.

„Ich würde Ihnen raten und ehrlich empfehlen, noch vor der Unbekannten zu singen", sagte der Hausfreund, übrigens ein immer verschmitzt lächelnder Rechtsanwalt, der immer einen Spaß parat hatte, zu der Opernsängerin, „wer weiß, ob Sie nachher noch Aufmerksamkeit finden!" Sie sah ihn giftig an. Aber die anderen Anwesenden zwangen sie wirklich, ihre Arie zu singen. Die Runde schien aber nicht sehr aufmerksam, denn alle wußten, daß der Rechtsanwalt stets für eine Überraschung gut war. Man zollte dem Opernstar zwar den gebührenden Applaus, der aber nicht wie üblich ausfiel. Man kannte sie, und sie würde wieder singen. Aber alle warteten ungeduldig und voller Spannung auf die versprochene Darbietung eines neuen Stars. Ob des dünnen, mehr aus Gefälligkeit gespendeten Beifalls, setzte sich der Opernstar – offensichtlich pikiert – in seinen Sessel. Der Rechtsanwalt hatte sich schon vor Ende der Arie entfernt. Als er dann zurückkehrte, verbeugte er sich und sagte: „Ich habe die Ehre, Ihnen eine der berühmtesten Sängerinnen zur Laute vorzustellen, Agnes, genannt die Harfenjule. Sie wird Sie gleich mit einem Lied beglücken. Bitte, gnädiges Fräulein".

Hinter ihm erschien in der Tür Harfen-Agnes in ihrer bekannten Aufmachung, grinste verlegen über ihr breites Gesicht, sagte „Gu'n Abend" und schmetterte los:

„Da wär anst an Studente,
Der ging von Vätern wat,
Er wollte viel studieren,
Un werden sähr geschat.
Der Väter tät ihn segnen
Un Geld ihn geben äll.
Da sägt der Sohn: „Ach Väter,
den letzten Vers noche mäl"
    Mensch, sa hella,
    Un wenns auch duster is,
    Mensch, sa hella,
    Un wenns an Schuster bis.

Die Gesichter der Gesellschaft!! Sie schienen in ihrem Entsetzen und voller Erstaunen mehr als zum Lachen komisch. Und während der Professor noch nach Atem rang, begannen die anderen bereits merklich laut zu kichern. An Agnes ging das alles spurlos vorüber. Sie war in hrem Element. Auf den Rand

ihres Hutes hatte sie zur Feier des Tages, ihres großen Auftrittes ein paar Blumen gelegt. Mit künstlerischem Ernst begann sie wieder mit etwas heiserer Stimme zu singen:

> Aan Jüngling liebt an Mädchen,
> War ihr von Herzen gut,
> Die bis an frühen Morgen
> In sanen Armen ruht.
> Doch als dänn schant ins Zimma
> Der erste Sonnensträhl – –
> Da war was los in dem vornehmen Hause.

„Um Gottes willen, hören Sie auf", schrie der Professor und stürzte auf Agnes zu. Aber noch bevor er sie erreichte, hatte sie ihr Lied beendet:

> Da sägt sie: „Lieba Hanrich,
> Den letzten Vers noche mäl!"

Der Professor faßte sich an den Kopf, drehte sich im Kreise und starrte fast flehend, um Entschuldigung bittend, zu seinem Vorgesetzten und dessen Frau. Die Hausfrau einer Ohnmacht nahe, war in einen Sessel gesunken. Die Künstler im Kreise schrien und lachten laut vor Vergnügen. Nur Agnes blieb bei all dem Trubel unbeeindruckt und sang mit Inbrunst den Refrain:

> Mensch, sa hella,
> Un wenns auch duster is,
> Mensch, sa hella,
> Un wenns an Schuster bis.

Der Rechtsanwalt, sonst nie verlegen, glaubte jetzt, daß der Professor entweder toben oder zum Mörder an Agnes und ihm selbst werden würde, da war der Direktor der rettende Engel und wendete eine Katastrophe ab, indem er in scheinbarer Ehrlichkeit und Freude ausrief: „Eine großartige, eine prächtige Idee, dieses Gastspiel! Für diese Galavorstellung bin ich Ihnen von ganzem Herzen dankbar. Das ist doch wirklich mal etwas ganz Anderes!"

Als wenn sie darauf gewartet hätten, stimmten jetzt die anderen, mit Ausnahme einiger Tanten, zu, daß Agnes auch noch den dritten Vers singen sollte. Harfen-Agnes lüpfte etwas ihren Rock, so daß ihre rosa Strümpfe zu sehen waren, und deutete einen Knicks an. Die Heiterkeit war vollkommen. Agnes sah souverän in die Runde und griff in die Saiten ihrer Gitarre, an der bunte Bänder zur Zierde angebracht waren. Selbstbewußt begann sie:

> Was nützt mick Gold und Rachtum,
> Wenn ich nich fröhlich bin,
> Das Geld kann ich verlieren,
> Nich äber manen Sinn.
> Un wenn ich anmäl sterwe
> Un steh in'n Himmelssääl,
> Dänn sägt Gott: „Agnes, sing uns
> Den letzten Vers noche mäl!"

> > Mensch, sa hella,
> > Un wenns auch duster is.
> > Mensch, sa hella,
> > Un wenns an Schuster, Schneider bis.

Es hatte kein Halten mehr gegeben. Dem Beispiel des Direktors folgend, sang die ganze Gesellschaft geschlossen den Refrain mit. Ein Rätselraten folgte, das große Ausfragen: Wer ist diese Agnes, wo lebt sie und wovon? Einige kannten sie bereits, die meisten aber nicht. Der Professor, der noch ganz außer Puste war,

zeige auf den schmunzelnden Rechtsanwalt: „Fragt
den da. Laßt ihn über seinen Schützling sprechen!"

Und während Agnes sich mit einem riesigen Stück
Torte versorgte und nicht gerade einen kleinen
Happen abbiß sowie ein großes Glas Bowle zu sich
nahm, erzählte der Rechtsanwalt, was er wußte. Er
sprach von ihrer Kindheit, von ihrer Krankheit, die
aber, weil sie nun Küstlerin sei, nicht mehr so ins Gewicht falle, von „Flöten Bosse", der sehr viel ge-
trunken habe und oft mit Agnes gestritten haben soll.

„Er war an Schwanehund", sagte Agnes mit vollem
Mund dazwischen. Sie hatte ihren Hut abgenommen,
so daß ihr bißchen Haar, das sie streng nach hinten
gekämmt hatte, zu sehen war. Ein neckischer Dutt
krönte das Haupt. Der Rechtsanwalt sagte Agnes, die

im Laufe der Jahre zur Fülle gekommen war und ein feistes Mönchsgesicht mit listigen Äuglein hatte, noch eine Zukunft auf den Brettern, die die Welt bedeuten, voraus. Er behauptete: „Ihr ganzes Äußeres, der breite Mund mit den Zahnlücken und die Eigenart ihres Vortrages, die unnachahmlich ist, ermöglichen ihr bei dem (damaligen) Theatergeschmack eine große Karriere".

Agnes, immer noch essend, mischte sich hier ein und erzählte stolz, daß sie fotografiert worden sei und man mit ihren Bildern einen schwungvollen Handel treibe, während sie habe zugucken müssen. „Die Welt ist sähr schlecht und die Mannskerle noch mähr", schimpfte sie.

„Na, na. Alle nicht", sagte ein kleiner noch recht junger Mann mit Mittelscheitel – ein noch unbekannter Sänger – zu ihr. „Wie wäre es, wenn wir uns zusammentäten und auf Konzertreisen gingen?"

„Mick komet kaner ane Lab", wies ihn Agnes sichtlich empört ab, „soll jederans vor sick blaben. Ich singe Sie noch ans!" Und im echtesten Braunschweigisch sang sie ein Lied, das riesig lang war und von dem niemand aus dem Kreise auch nur die Hälfte verstand. Aber in der Oper ist es oft nicht viel anders. Agnes erhielt wieder viel Beifall und wollte nun immer weiter singen und trinken, aber der Rechtsanwalt, der sie eingeführt hatte, verabschiedete sie auf die galante Art. Agnes gab jedem die Hand, knickste, dankte und ging.

„Putzige Kruke", sagte die Sängerin, „nein, nochmals möchte ich sie nicht hören und sehen!"

„Ein Menschenleben", erwiderte der Direktor

scheinbar leichthin. „In Paris habe ich vor Jahren einmal eine betrunkene alte Straßensängerin aus der Gosse gehoben, und man erzählte mir, daß sie früher ein Stern der Oper gewesen sei und höchste Herrschaften ihr zu Füßen gelegen hätten"

Die Opernsängerin schaute indigniert in ihren kleinen Spiegel und zupfte nervös an ihrem Haar. Dann sah sie den Rechtsanwalt an und fragte erstaunt: „Wie kommen Sie zu solchen Menschen?"

„Großer Gott", antwortete er, „jeder sucht sich den Verkehr, der ihm behagt."

Noch lange wird die Gesellschaft sich über die Harfen-Agnes unterhalten haben. Vielleicht hatte dieser und jener des Kreises ein Herz. Aber wie anders war das Resultat als nach einem Auftritt der Agnes in einem der Ausflugslokale, der Gaststätten oder auf einem Marktplatz? Die Menschen unterhielten sich – arm oder reich – auf ihre Kosten. Den Reichen taten die paar Mark nicht weh und den Armen nicht die wenigen Groschen oder Pfennige. Man hatte einfach seinen Spaß.

Sie, die Harfen-Agnes, bemerkte den feinen Unterschied zwischen dem (gewaltlosen) beißenden Spott der „besseren Leute" und dem offenkundigen Hohn des Volkes auf der Straße nicht, der nur darin bestand, daß man bei den „Herrschaften" hinter vorgehaltener Hand tuschelte und kicherte und in den Kneipen lauthals gegröhlt wurde, unflätige Bemerkungen fielen und „handfester Unsinn" – wenn überhaupt von Unsinn gesprochen werden kann – gemacht wurde. Von den Straßenjungen gar nicht zu reden, denn Kinder können besonders grausam sein. Wie anders als mit

Grausamkeit soll man das Bewerfen einer hilflosen Person mit Steinen und Dreck sonst bezeichnen?

Woher die Zuneigung der Menschen, die Harfen-Agnes zu großer Popularität und zu dem wohl stadtbekanntesten Original machten, ja hochstilisierten, bleibt fast unergründlich. Sie war es nun einmal. Und es gab und gibt nicht wenige Braunschweigerinnen, die sie gern imitierten und imiteren – heute mehr denn je. Ob sie aber zu jener Zeit mit Harfen-Agnes, die so weit außerhalb der Gesellschaft stand, die Rollen getauscht hätten, ist zweifelhaft – muß nachdenklich stimmen. Bleibt vielleicht nur ein Trost, daß Agnes in ihrer Naivität trotz allem ein glücklicher Mensch war.

Mit zunehmendem Alter wurde es um Harfen-Agnes immer stiller. Aber je mehr sie sich aus der Öffentlichkeit zurückzog, sich von den Menschen entfernte, umso mehr kehrte sie in das Bewußtsein der Bürger zurück. Und so war es nicht verwunderlich, daß ihr bereits zu Lebzeiten so manches „Denkmal" gesetzt wurde – wie später anderen Braunschweiger Originalen auch.

Im März 1935 wurde im „Braunschweiger Allgemeinen Anzeiger" ein kleiner Artikel mit der Überschrift: „Wehmutsvoll gedenk ich dein... Agnes mußte Abschied nehmen" veröffentlicht. Der Verfasser schrieb unter anderem:

„Vielleicht ist es unseren Mitbürgern noch gar nicht aufgefallen, daß schon seit einigen Monaten Harfen-Agnes nicht mehr in den Straßen zu sehen ist. Das ‚Mensch saa hella...' ist verklungen, und die Schuljungen hatten keine Gelegenheit mehr, Harfen-Agnes zu ärgern. Sie war in letzter Zeit doch recht alt geworden. Zwar ihren kräftigen Humor hatte sie nicht verloren, aber die Frische, mit der sie sonst hinter den Bengeln herschimpfte, war nicht mehr vorhanden. Falten des Alters und der Krankheit hatten sich in ihr Gesicht eingegraben; denn bekanntlich hat sie auch den Alkohol nicht verschmäht. Nun ist sie, nachdem sie für eine Zeit im städtischen Pflegehause untergebracht worden war, in der Heilanstalt in Königslutter gelandet. Man mag ihr gönnen, daß sie sich nun nicht mehr über das junge Braunschweig zu ärgern braucht, von dem sie manchesmal mit recht unsanfter Hand angefaßt worden ist. Aber ein Stück des alten Braunschweig, etwas Besonderes, ist mit ihr doch aus dem Straßenbilde verschwunden . . . Sie hat eine Lücke hinterlassen – das sei mit Wehmut festgestellt . . ."

Nach diesem Artikel verstummten die öffentlichen Organe. Dunkle Wolken zogen am politischen Himmel auf und kündigten den Zweiten Weltkrieg an. Bereits einen Tag nach Ausbruch des Krieges starb Agnes bei der Euthanasieaktion der Nazis (so wird jedenfalls behauptet und vermutet) am 2. September 1939 im Alter von 73 Jahren in Königslutter. Als Todesursache wird in der Sterbeurkunde Epilepsie (Fallsucht) angegeben. Im Herzen der Braunschweiger aber lebt Harfen-Agnes weiter. Sie hat sich ihre Ankunft im Himmel genau vorgestellt: „Un wenn ich anmäl sterwe un steh in'n Himmelssääl, dann sägt Gott, Agnes, den letzten Vers noche mäl! Mensch, sa hella . . ." Mit ihrem Lied bleibt sie unvergessen.

Rechen-August

Eine der merkwürdigsten Gestalten in Braunschweig war um die Jahrhundertwende August Tischer, der als Rechen-August weit über die Grenzen der Stadt Heinrichs des Löwen bekannt wurde. Ein Original, ein Phänomen, das sogar hohe Gelehrte vor große Rätsel stellte.

Am 8. August 1882 wurde er laut Geburtsurkunde, die von der Hebamme Louise Bertram von der Südstraße beglaubigt wurde, als Sohn der Caroline Friederike Tischer, geb. Steinhof und des Lokomotivheizers Carl Heinrich Wilhelm Tischer im Hause Bergfeldstraße 10 geboren. Schon sehr früh wurde seine Begabung erkannt. In der Schule mauserte er sich sehr schnell zum „Wunderknaben". Wie es kam, daß er ein so großes Zahlengenie wurde, wußte August selbst nicht zu erklären. Bereits im Alter von sieben Jahren überraschte er seinen Lehrer, als er die gestellte Aufgabe 23 mal 36, ohne die Tafel oder einen Zettel zu benutzen, blitzschnell mit der richtigen Lösung beantwortete: „828". Die Verblüffung über den Kopfrechner war perfekt.

Der kleine August wurde richtiggehend von einem Rechenwahn befallen. Allerdings litten in der Schule die Leistungen in den anderen Fächern darunter. Geographie, Naturkunde, Schreiben und Lesen sowie Geschichte (bis auf die historischen Daten) lagen ihm nicht. Er stand damit weit unter dem Durchschnitt, was ihm aber nichts ausmachte. Denn seine Rechenkünste waren ihm zu Kopf gestiegen – im wahrsten Sinne des Wortes. Auch außerhalb der Schule verließ

47

ihn die Manie nicht, so daß er zu Hause immer wieder die Tafel und alle Zettel, die er finden konnte, mit Zahlen vollschrieb.

Von Tag zu Tag vervollständigte er seine fast übernatürlich erscheinende Kunst. Wie in den sozialschwachen Familien üblich, arbeitete August nach der Schule und half seiner Mutter. Er zog mit einem Handwagen durch die Stadt und sammelte die Abfälle aus den Restaurants. Aber wo er auch stand und ging, zogen die Zahlenreihen vor seinem geistigen Auge vorüber, so daß es stets den Anschein erweckte, er träume. Aber August war hellwach. Das Multiplizieren und Dividieren acht- ja bis zehnstelliger Zahlen bewältigte er spielend in wenigen Sekunden.

Als er aus der Schule entlassen wurde, sollte er eine Lehre bei einem Schlosser machen, aber er hielt nicht durch. Er hatte vielmehr Lust, Fleischer zu werden. Aber auch daraus wurde nichts, so daß er zu Hause blieb. Hin und wieder arbeitete er aushilfsweise bei Viehhändlern und Schlachtern. Doch er war nie richtig bei der Sache. Während sich die Gesellen und die Arbeiter in den Pausen mit allerlei Nebensächlichkeiten befaßten, saß August abseits und rechnete. In jeder Minute, in der er nicht gerade körperlich schwere Arbeit zu vollrichten hatte, zogen Zahlenreihen durch sein Gehirn und nahmen von ihm ganz Besitz. Ein bestimmtes System hatte er nicht, und aus Überlieferungen geht hervor, daß er, wenn er eine Aufgabe im Kopf gehabt haben soll, die Zahlen durcheinander purzelten, sich neue dazu drängten, und wenn alles stillgestanden haben soll, die Lösung sich von ganz allein präsentierte. „Das ist Begabung", sagte August stets voller Stolz und tippte sich an den Kopf, der auffällig groß geraten war, „da sitzt das Geheimnis drin!"

Das Geld war zu Hause immer knapp. Ermutigt von mitunter zweifelhaften Manager-Typen, spielte er mit dem Gedanken, sich mit seinem Können auf Varietebühnen dem Publikum zu stellen und sich als Rechenkünstler seinen Lebensunterhalt zu verdienen. Es machte sich wohl bezahlt, und der Rechen-August war geboren. Diese Zeit war wohl die Glanzperiode des Braunschweiger Originals. Einmal wollte er sich sogar an einem Unterhaltungsunternehmen in Berlin beteiligen, wovon ihn aber gute Freunde abrieten, weil es zu deutlich war, daß es sich um ein Schwindelunternehmen handelte, das es auf das bißchen Geld des armen Mannes abgesehen hatte. Solch ein Engagement zu bekommen, war der größte Wunsch von Rechen-August, denn das Geld, das er in den Gaststätten und bei kleineren Auftritten in seiner Heimatstadt verdiente, genügte ihm längst nicht mehr. Und sein ausgeprägter Ehrgeiz strebte nach Höherem. Auf den Brettern, die die Welt bedeuten, wollte er stehen, im Scheinwerferlicht und umjubelt werden.

Er hatte dieses großartige Erlebnis schon einmal in Hamburg genossen. Einen Monat lang war er in verschiedenen Häusern aufgetreten und hatte stets großen Erfolg beim Publikum. Als er aber seine Gage bekommen sollte, soll sich sein „Manager" aus dem Staube gemacht haben. Seine Augen strahlten, wenn er später davon erzählte, daß er einmal im Kabarett Maxim aufgetreten ist – am 2. Juni 1911, wie er sagte. Er sagte dann das ganze Programm auf, um sein gutes

Gedächtnis unter Beweis zu stellen. Jede Einzelheit der Nummern schilderte er und erinnerte sich, daß die erste Aufgabe, die er lösen sollte, an jenem Abend war, auszurechnen, wieviel 93 497 mal 67 464 sei. Er habe sofort gewußt, daß das 6 307 681 608 sein müßten. Und es stimmte. Er wollte auch gern ein festes Engagement haben, um in den Gaststätten nicht immer soviel Bier trinken zu müssen. In Braunschweig ist er auch einmal mit der Harfen-Agnes, mit der ihm eine gute Freundschaft verband, im Wilhelmsgarten (damals auf dem Grundstück des heutigen Finanzamtes an der Wilhelmstraße) aufgetreten.

Von seinen Ausflügen in „die weite Welt" hatte er wohl bald genug. Rechen-August produzierte seine Künste jetzt ausschließlich in seiner Heimatstadt, in der er zu immer größerer Popularität kam. Meistens war er in den späten Abend- und Nachtstunden in den Restaurants und Cafes in der Innenstadt anzutreffen. Im schwarzen Gehrock mit weißer Binde, mit einer Chrysantheme im Knopfloch und dem viel zu kleinen Zylinder auf dem Kopf begegnete er den Menschen stets freundlich, indem er ein breites Lächeln aufsetzte.

Wie ein Gentleman sah er dennoch nicht aus, obwohl er immer betonte, daß er sich vor einem Auftritt „fein" mache. Der Kragen war eher grau, und der Binder schien ein Konfirmationsgeschenk gewesen zu sein. Die Hosenbeine glichen Schläuchen, und seine Schuhe waren bald die stadtbekannten Trittchen. Seine Hände waren eher Pranken, und seine Fingernägel trugen stets Trauer. Nur seine Augen blitzten klar und verunsicherten so manchen Zeitgenossen.

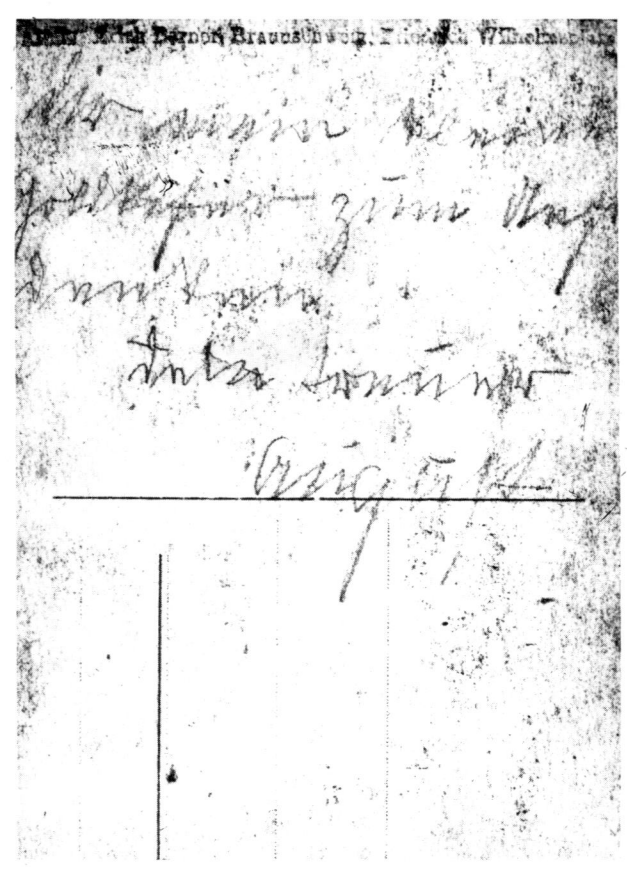

Dir mein kleiner Goldkäfer zum Angedenken.

Dein treuer
August

(Eine handschriftliche Erinnerung)

Seinen Kopf „zierte" eine mächtige Narbe, die durch das kurzgeschorene Haar leuchtete und vom Hinterkopf bis zur Stirn verlief. Danach befragt, weil man an einen Unfall oder gar an eine Auseinandersetzung mit sichtbaren Folgen dachte, erklärte August, daß er sich die Linie von einem Friseur beibringen ließ, um einen schnurgeraden Scheitel zu haben. Jeder konnte davon halten, was er wollte.

Die Gäste indes waren daran auch weniger als an seiner Kunst interessiert. Selbst aus den Dörfern kamen oft junge Burschen nach Braunschweig, um den Rechen-August kennenzulernen und ihn vielleicht sogar hereinzulegen. Meistens wurden sie allerdings eines Besseren belehrt und mußten ihm neidlos den Triumph des Sieges überlassen. So mancher opferte gern einen größeren oder kleineren Obolus als Anerkennung für seine geistigen Akrobatenkunststücke, seine einzigartigen Leistungen. Wenn August alles mögliche ausgerechnet hatte, Multiplikationen, Subtraktionen, Additionen, wenn er Wurzeln gezogen und die Wochentage der Geburts- und Hochzeitstage exakt genannt hatte, wendete er sich, stets höflich für das Gegebene bedankend, einem neuen Kreis an einem anderen Tisch zu.

Es mag ihm vor dem Ersten Weltkrieg nicht schlecht gegangen sein, zumal er sehr oft in die Lage versetzt wurde, seine Rechenkunst vor hohen Gelehrten zu beweisen, die es sich natürlich etwas kosten ließen. Aber hinter das Geheimnis, hinter die Tricks, die jeder vermutete, kamen sie nicht. Rechen-August blieb ein Phänomen.

Er war unbestritten ein außergewöhnlicher

Mensch. Wenn man sein ganzes Äußeres abzieht, das ihn so interessant machte, blieb allerdings eine ausgesprochene Tragödie zurück. Zwischen Genie und Wahnsinn besteht oftmals nur ein schmaler Pfad, den die Menschen, die Durchschnittsbürger sehen, die betroffene Person aber nicht, sie kann sie nicht wahrnehmen. Die Geschichte hat hierfür viele Beispiele parat. Gerade in der Kunst wird oft nachgewiesen, daß ein Künstler die Grenze übersschritten hat, daß er sich verlor, und die Menschen dennoch nicht wußten, hat er die Erkenntnis gewonnen, ist das, was er geschaffen hat, die Vollendung, oder ist er in das Chaos, in das Dunkel des Verfalls gegangen.

Was für die Kunst im allgemeinen gilt, trifft auch oft auf die artistischen Abarten zu, zu denen die Rechenkunst wohl gezählt werden kann. Betrachtet man diese Artisten, so sind sie fast alle anormal. Viele Gehirnfunktionen sind zugunsten eines einzigen Sinns, bei August Tischer des ausgeprägten Zahlensinns, vernachlässigt. Je mehr sich dieser herausbildet, gepflegt wird, je mehr eine Begabung trainiert wird, um so eher verkümmern die anderen Sinne – verschwinden die übrigen Fähigkeiten ins Dunkel. Mediziner sind zu diesem Schluß gekommen. Aber auch schon der ganz normale Durchschnittsbürger kann dieses beobachten.

Rechen-August war eine außergewöhnliche mathematische Begabung. Der damalige Ordinarius für Mathematik an der Technischen Hochschule in Braunschweig, Geheimrat Fricke, interessierte sich für seine Künste und unterhielt sich öfter mit ihm. Auch er stellte fest, daß sich seine Begabung auf Kosten der seelischen Harmonie zur besonderen Spezialität entwickelt, das Rechnen bis zur höchsten Form des Logarithmierens, Potenzierens und Wurzelziehens. Immerhin handelte es sich aber um keinen schöpferischen Denkvorgang, sondern um überschnellen Ablauf einer für das Gehirn gewissermaßen mechanischen Tätigkeit. So brachten Rechen-August nicht nur Lampenfieber und Geschäftsuntüchtigkeit um den Erfolg auf großen Bühnen, den er sich doch so sehr gewünscht hatte.

Im Geburtsjahr von August Tischer stimmte der Stadtmagistrat dem Plan zu, die Außenstadt durch eine Ringstraße als Hauptverkehrsader „aufzuschließen", begann in Braunschweig der Fernsprechverkehr und wurde die Villa Rimpau (C. Uhde), heute Sozialgericht, errichtet. Die Stadt zählte etwas über 80 000 Einwohner, wuchs aber in den folgenden Jahren rapide. Das Leben spielte sich für ihn überwiegend in der Innenstadt ab, wo sich, wie es schien, jedermann kannte. Rechen-August sah Kaiser Wilhelm II., als dieser im Jahre 1914 zur Taufe des Erbprinzen Ernst August nach Braunschweig gekommen war, er sah, wie sich seine Umwelt veränderte, aber für ihn wurden die Zeiten trüber. Mit dem Ausbruch des Krieges verloren die Menschen den Sinn für Spaß, Fröhlichkeit und Gemütlichkeit – und natürlich wurde das Geld knapper und knapper. Vergeblich gab sich Rechen-August nun Mühe, seinen Unterhalt auch als Prophet zu verdienen. Seine Voraussagen über das Kriegsende, über die Wiederherstellung der Monarchie und über viele andere Dinge erwiesen sich, wie man sich erzählte, weniger richtig als seine Lösungen der schwierigsten Rechenaufgaben. August Tischers große Zeit war vorüber. Es war still um ihn geworden.

Überhaupt stimmten während der Zeit seine Rechnungen nicht mehr genau. Das waren bedenkliche Anzeichen. Als er sich einmal verrechnet hatte, machte er ein verbittertes Gesicht. In diesem Augenblick hatte er wohl gefühlt, daß es mit ihm zu Ende ging. Es kann wohl für ihn nichts Schlimmeres gegeben haben, als selbst festzustellen, daß sein Gehirn nicht mehr hundertprozentig arbeitete. Seit mehreren Jahren machte ihm ein Lungenleiden große Beschwerden. Seine Freunde machten sich ernsthafte Sorgen um ihn.

Nicht ganz unerwartet kam daher wohl für viele Einwohner die Nachricht: „Rechen-August ist tot". Die Zeitung schrieb unter anderem: „Wer August in der letzten Zeit zu sehen bekam, konnte nur einen schrecklichen Verfall konstatieren. Lungenschwindsucht. 'Mich kann keine Medizin mehr helfen', irgendwo auf der Straße waren das seine Worte". Und weiter: „Ich hatte die Worte nicht ganz ernst genommen. Wie es überhaupt schwer fiel, August völlig ernst zu nehmen. Warum mußte er auch immer mit dem kleinen steifen Hut herumlaufen? Warum mußte er jeden damit zum Lachen reizen? Warum – – – mußte er in einer Stadt verhungern, in der ihn jedes Kind kennt?"

Gestorben war er am Mittwoch, 13. Juni 1928, im Städtischen Krankenhaus in Braunschweig. Geblieben ist die Erinnerung an ein Original, das der Menschheit große Rätsel aufgegeben hat. Die Bürger, die ihn kannten, hatten sich mit der Tatsache abzufinden, daß er nicht mehr unter ihnen weilte. Ganze 46 Jahre ist er alt geworden und doch immer ein großes Kind geblieben. Ein Kind, dem man niemals böse sein konnte. Pastor Benndorf von St. Martini hielt die Trauerrede für Rechen-August, der am Freitag, 15. Juni 1928, feuerbestattet wurde. Seine Worte waren ganz auf das Leben von August Tischer abgestimmt.

„Rechen-August hat gelegentlich selbst darüber gesprochen, daß er seinen Kopf an die Anatomie Göttingen verkauft habe. Es scheint nun tatsächlich eine Obduktion der Leiche zur wissenschaftlichen Ergründung der außergewöhnlichen Rechenfähigkeit August Tischers, der in einem Schreiben an den Oberbürgermeister Karl Friedrich Gauß (1855 †) als seinen Vorgänger bezeichnete, veranlaßt worden zu sein. Danach soll das Gehirn des Abnormalen 1690 Gramm gewogen haben, also etwa 300 Gramm schwerer gewesen sein, als das eines normalen Menschen. Daraus erklärt sich auch der außergewöhnliche Schädelumfang August Tischers, der ihn nie eine passende Kopfbedeckung finden ließ" (Braunschweiger Landeszeitung).

Diese nüchterne Feststellung ändert nichts daran, daß Braunschweigs Rechen-August ein Phänomen war. Was hätte dieser Mann – mit klaren Sinnen – Ungeheures leisten können. Frappierend war das, was er vollbrachte. Und wie er lächeln konnte, wenn andere staunten.

Deutscher Hermann

Obwohl nicht in Braunschweig geboren, gehörte der Deutsche Hermann zu den „klassischen" Originalen der Stadt. Julius Skasa, so hieß er mit bürgerlichem Namen, wurde am 21. April 1852 als Sohn eines Oberzollinspektors in Koblenz am Rhein geboren. Vater Wilhelm Skasa war sehr stolz auf seinen Sprößling und schickte ihn, nachdem er das Handwerk eines Schirmflickers erlernt hatte, auf die Unteroffiziersschule nach Jülich. Danach trat Julius Skasa in das Hanseatische Infanterieregiment Nr. 44 zu Lübeck ein und nahm als 18jähriger am Feldzug 1870/71 teil. Ihm wurde das Eiserne Kreuz Zweiter Klasse verliehen, und er hat, wie viele andere auch, die üblichen Orden bekommen. Also nichts Außergewöhnliches. Dennoch wurde er gerade wegen seiner und vieler anderer „Orden und Ehrenzeichen" stadtbekannt in Braunschweig.

Nach dem Krieg, in dem er zum Feldwebel befördert worden war, ging er, wie es zu jener Zeit üblich war, auf Wanderschaft und durchstreifte unter anderem Frankreich, die Schweiz und Österreich. In Braunschweig blieb er 1875 hängen. Anscheinend hat Julius Skasa es nie verwunden, daß er seinen Abschied vom Militär nehmen mußte. Als Schwimmeister soll er einem Rekruten einen Sprung ins Wasser befohlen haben, obwohl dieser an Herzschmerzen gelitten haben soll. Der Mann ist gestorben. Julius Skasa hatte sich zwar aus dem Paragraphenwirrwarr retten können, mußte aber dennoch „seinen Hut" nehmen. Auch sein gestrenger Vater hielt ihn für schuldig.

In Braunschweig seßhaft geworden, er hatte inzwischen die schöne Polin Juliane Doilatewitz geheiratet, führte er eine gute Ehe, aus der drei Kinder hervorgegangen sind (Elise, Helene und Maria). Es mag etwas wunderlich im Leben dieses Mannes, der als liebevoller und honoriger Familienvater galt, zugegangen sein. Als Scherenschleifer und Schirmflicker verdiente er den Lebensunterhalt für seine Familie. Erst nach dem Tode seiner Frau im Jahre 1924 nahm Julius Skasa seinen Gehrock aus dem Schrank, heftete seine Orden an die Brust und wurde der Deutsche Hermann, der als Original bis über seinen Tod hinaus im Gedächtnis der Menschen weiterlebt.

Eine Enkelin des Deutschen Hermanns untermauerte die Angabe, indem sie an die Braunschweiger Zeitung schrieb: „Mein Großvater hat seine Orden etwa vier Jahre lang vor seinem Tode öffentlich getragen, nachdem niemand mehr bei ihm lebte, der ihn hätte daran hindern können. Er sammelte und trug sie nicht, weil er sie liebte – sondern aus Protest! Er wollte damit die ganze Wilhelminische Zeit mit all den Orden verunglimpfen, ich meine die Kriegsorden, die verliehen wurden". Wie auch immer, die Version eines „guten Freundes" hört sich ganz anders an. Er will den Deutschen Hermann so um 1905 in Braunschweig getroffen haben, wobei sich folgendes Gespräch entwickelt haben soll:

„Was sind Sie denn von Beruf?"

„Ich bin Künstler", war die Antwort des Deutschen Hermanns.

„Künstler? – Was üben Sie denn für eine Kunst aus?"

„Ich mache Regenschirme."

„Regenschirme? – Das ist doch keine Kunst!"

„Das ist keine Kunst? – Machen Sie mal einen!"

Mit Hermann soll es eigentlich „ganz komisch" gegangen sein. Nach Darstellung des Freundes war Hermann bis 1888 in ganz normaler Tracht durch die

Straßen gegangen. Anfang der 90er Jahre fing er plötzlich an, sein Eisernes Kreuz zu tragen: Mitte der 90er Jahre legte er sich dann nach „eigener Machtvollkommenheit noch einige Orden zu", und je weiter „wir in die Zeiten des wilhelminischen Kaiserreiches kamen, desto dichter wurde der Ordenssegen auf der Brust des Deutschen Hermanns". So etwas wurde nicht gern gesehen in der damaligen Zeit.

„So wurde denn Julius Skasa eines schönen Tages von Amts wegen festgenommen und zur Beobachtung seines Geisteszustandes in die Heil- und Pflegeanstalt Königslutter verbracht, wo er aber alsbald als unschädlich wieder entlassen werden mußte. Wenn alle Leute mit vielen Orden in derartigen Anstalten untergebracht und dauernd interniert gewesen wären, würde es uns in Deutschland heute bedeutend besser gehen", schrieb der Freund. Und weiter: „Je länger das Kaisertum Wilhelm I. dauerte, desto mehr Orden und Ehrenzeichen legte Julius Skasa, der Künstler, an. Der Rock und der Paletot reichten schließlich nicht mehr aus, am Spazierstock und am Regenschirm ... überall prangten die Kreuze, Medaillen und Bänder, und Leute, die mit dem Deutschen Hermann gut befreundet gewesen sind und seine Häuslichkeit kannten, versicherten, daß seit etwa 1910 auch sein Nachtgeschirr mit dem Großorden des Schwarzen Adlerordens umwunden gewesen sein soll".

Um Originale ranken sich immer Histörchen und Anekdoten. Kinder und Großkinder bezeichneten ihren Vater und Großvater als freundlich und liebenswert. Er selbst soll etwa 1919 einmal zu einem Bekannten gesagt haben, „meine Mission ist eigentlich erfüllt – aber sehen Sie, nun kann ich nicht mehr anders". War es wirklich so? War es wirklich in jenem Jahr?

Es mag wohl so gewesen sein, daß er seine Entlassung aus dem Militärdienst niemals vergessen hat, daß ihn dieses Ereignis aus der Bahn geworfen hat. Er hat wohl sehr darunter gelitten, daß von seinen „großen Heldentaten" nicht mehr gesprochen wurde. Am Tag der Sedansfeier (bei der Schlacht wurde er ausgezeichnet) soll er sich stets betrunken und dann alles verspottet haben. Seine Frau soll ihn daran gehindert haben, an diesen Feiertagen seine Orden anzulegen und all den Plunder, um zu demonstrieren, was Kriegsauszeichnungen wert sind. Es kann, es mag so gewesen sein.

Aber so reichlich wurden im Kriege 1870/71 die Orden nicht verliehen. Daß Julius Skasa ein ungewöhnlich höflicher und freundlicher Mensch gewesen ist, wird immer wieder erwähnt, aber es scheint fast unglaublich, daß er nach so langer Zeit, in der er seine Orden öffentlich getragen hat, noch gegen die Monarchie demonstriert hat, die längst nicht mehr existierte.

Vielmehr glaubhaft ist, daß er mit seinem ganz persönlichen Schicksal haderte. Seine Familie hatte ihn verstoßen, ließ ihn zum Außenseiter werden. Die Haltung seines Vaters war es wohl hauptsächlich, die er zeitlebens nicht verschmerzt hat. In der Suche nach Anerkennung, lenkte er die Aufmerksamkeit der Menschen auf sich, übersteigerte seine Sich-selbst-zur-Schaustellung. Die Ordenspracht wurde immer umfangreicher auf dem alten Militärrock, und die blitzblank gewienerten Langschäften gehörten eben so zu ihm wie die Soldatenmütze, die ebenfalls mit Abzeichen aller Art verziert war, wie der Regenschirm und die Blechdose, in der er die Zigarettenstummel aufbewahrte, die er in den Straßen sammelte. Das kann kein Protest mehr gegen das längst versunkene Kaiserreich gewesen sein.

Der Deutsche Hermann hatte ganz offensichtlich mit zunehmendem Alter die Übersicht verloren, das Empfinden der Mitmenschen überschätzt, ihn in seiner Maskerade ernst zu nehmen. Er zeigte sich stets freundlich mit der lässigen Arroganz eines Gardeoffiziers, selbstbewußt und selbstgefällig. Entweder machte er sich lustig über die Bürger oder nahm sich selbst nicht ernst. Er gefiel sich in der Rolle des Bestaunten, wobei es keine Rolle spielte, ob er dabei der komische Kauz war. Fand er im Leben keine – oder nicht die gewünschte – Anerkennung, so erregte er doch immerhin große Aufmerksamkeit. Das genügte ihm. Er war der Deutsche Hermann, ein Original. Wer konnte das in einer Stadt schon von sich behaupten. Er war etwas geworden im Leben, was stets sein Wunsch, sein Ehrgeiz war, und – man „huldigte" ihm schon zu Lebzeiten.

Am 16. Februar 1927 starb er. Und als er am 19. Februar des Jahres zu Grabe getragen wurde, folgte seinem Sarg eine große Menschenmenge, die Braunschweiger erwiesen ihrem Deutschen Hermann, ihrem Original die letzte Reverenz. Man trauerte. Wie oft hatte er in seiner Phantasie-Uniform bei der Bevölkerung die Parade abgenommen, herablassend mit der Würde eines Generals seine Hand an die Mütze gelegt, nun galt ihm der letzte Gruß.

Vierzig Jahre nach der Beerdigung, am Mittwoch, dem 9. August 1967, sah Maria Tönnies mit dem Geburtsnamen Skasa ihren Vater, den Deutschen Hermann, wieder. Der Braunschweiger Gerd Lange, Inhaber von Ring-Foto Lange, hatte einen Film seines Vaters aus der „guten alten Zeit" aufgefunden. Zwischen den Bildern aus der Kindheit des Juniors und Idyllen aus längst vergangenen Tagen tauchten die drei Braunschweiger Originale, der Deutsche Hermann, die Harfen-Agnes und der Rechen-August auf. Tochter Maria, inzwischen war sie 80 Jahre alt geworden, war ganz aufgeregt, als sich ihr Vater lächelnd von der Leinwand herab verbeugte. Auf seiner breiten Brust prangten die Orden und Ehrenzeichen, mit denen er so berühmt geworden war. Und als er seine Lippen bewegte, rief Tochter Maria erstaunt aus: „Mein Gott, er spricht ja. Jetzt ist er 40 Jahre tot, er war ein guter Mensch!" Und dann erzählte sie seine Lebensgeschichte, die viele nur nach Hörensagen kannten.

Mit dem Kippensammeln habe er erst in den letzten Lebensjahren begonnen, sagte sie. Er habe eine feste Tour gehabt, besuchte Geschäftsleute, sei in Behördenstuben gegangen und habe dort um Zigaretten- und Zigarrenstummel gebeten. Später habe man dort schon auf den Deutschen Hermann gewartet. Die Tabakreste habe er stets fein säuberlich gewaschen und über seiner Grude getrocknet. In kleinen Päckchen habe ihr Vater den Tabak dann den Rentnern – meistens waren es Kriegsinvaliden – gegeben, die ihn jeweils sonnabends besuchten. Er habe eben ein Herz für alle Menschen gehabt.

Maria Tönnies sah sich den Film ein zweites Mal an, ohne auch nur ein Wort zu sagen. Man konnte dem Deutschen Hermann, wenn er würdevollen Schrittes durch die Stadt ging, eine imposante Erscheinung nicht absprechen. Wer ihm einen kleinen Obolus in die Hand drückte, durfte sich seine „Auszeichnungen" sogar genauer ansehen. Im Film vermittelte Julius Skasa den Eindruck, daß ihm durchaus bewußt war, daß sein lebendes Bild der Nachwelt erhalten bleiben wird. Gerd Lange hat nicht nur einen sensationellen, sondern einen einmaligen Fund gemacht.

Rechen-August schmunzelte in die Kamera, und Harfen-Agnes posierte als Künstlerin. Diese Meter Film von Gerd Lange sind ein kleines Kulturdokument für die Stadt Braunschweig. Wahrscheinlich zeigt er die einzigen lebenden Bilder, die es von den Braunschweiger Originalen gibt.

Julius Skasa, der Deutsche Hermann, wohnte in Braunschweig am 2. Januar 1893 Kleine Kreuzstraße 6, Klint 24 (23. Oktober 1894), Madamenweg 57 (10. März 1895), Kälberwiese (3. April 1901), Madamenweg 54 (1. April 1902), Gabelsbergerstraße (27. Oktober 1903), Kleine Kreuzstraße 9 (1. April 1905), Madamenwg 45 (1. Oktober 1908), Pfingsstraße 8 (1. Oktober 1909), Südstraße 20 (15. Februar 1909), Weinberg 15 (1. April 1911), Pfingsstraße 8 (1. Januar 1913), Kreuzstraße 76 (1. Oktober 1913) und Friesenstraße 72 (vom 1. Juni 1919 bis zu seinem Tod am 16. Februar 1927).

Diese vielen Stationen zeigen seine Unrast, aber auch seine Treue. Er hat sich niemals aus seiner Umgebung entfernt.

Tee-Onkel

Zu jener Zeit, von etwa 1912 an, kannte ihn fast jeder Einwohner in Braunschweig, den etwa 40jährigen Mann, der mit einem Pappkarton durch die Straßen der Stadt zog. Er war ein Original wie Harfen-Agnes, der Deutsche Hermann und auch Rechen-August: Alfred Kühner. Durch seine äußere Erscheinung hatte er in etwa drei Jahrzehnten auf sich aufmerksam gemacht. Und je älter er wurde, umso mehr schwirrten die unterschiedlichen Gerüchte um seine Person, um seine Herkunft umher. Die einen wollten wissen, daß der ältere Herr ein total heruntergekommener Apotheker war, und andere behaupteten, sein Vater war ein hoher Offizier. Viele Menschen meinten auch, Liebeskummer hat ihn soweit gebracht, daß er als Hausierer und Straßenverkäufer umherzog. Seine Waren bestanden in erster Linie aus Schuhkrem und Seife. Ob er auch mit Tee handelte, ist nicht sicher.

Es kann davon ausgegangen werden, daß durch den Umstand, daß etwa zu Beginn des 20. Jahrhunderts in Braunschweig noch eine andere originelle Person, die mit dem Ruf „Aaalle Sorten Tee!" durch die Gassen zog, die Bürger ihn mit diesem verwechselten, sich die Ereignisse verwischten, und Alfred Kühner so zu seinem Namen Tee-Onkel gekommen war. Er wurde auch nach einer Schuhkrem-Marke „Pilo-Onkel" gerufen.

Alfred Kühner wurde am 30. März 1872 als Sohn des Zigarrenfabrikanten Wilhelm Kühner geboren. Der Betrieb und auch die Wohnung der Familie befanden sich am Nickelnkulk 12, später – etwa 1877 –

auf der Straße Schild. Alfred Kühner war nie Apotheker und sein Vater auch kein hoher Offizier. Am 1. Juli 1896 eröffnete er, der Drogist gelernt hatte, im Hause *Schild 9* ein Geschäft, die „Flora Drogerie", die er 1906 in die Schützenstraße 7 verlegte.

Zuvor waren seine Eltern gestorben, das Haus am Schild wurde versteigert. Sein Unglück begann. Alfred Kühner war nicht in der Lage, das Haus in der Schützenstraße zu kaufen, so daß er bereits ein Jahr später in die Karlstraße in ein Gartenhaus zog. Weil ihm dort die Unterkunft zu feucht war, nahm er einen erneuten Umzug vor und nahm seinen Wohnsitz im Hause Reichsstraße 6 (Hinterhaus).

Seine wirtschaftliche Lage war weiterhin schlecht und verschlechterte sich zunehmend. Im Jahre 1911 mußte Gerichtsvollzieher Bock melden, daß die Eintreibung der Gewerbesteuer „mangels Masse" durch Pfändung nicht möglich war. So beantragte Alfred Kühner am 17. Februar 1912 eine Änderung seines Gewerbescheines, weil er in Zukunft seine Waren in den Straßen der Stadt und an den Wohnungstüren verkaufen wollte.

Die Jahre gingen dahin. Die Menschen sahen ihn wohl immer in dem gleichen Aufzug. Er trug einen Hut, der in keine Moderichtung gebracht werden konnte und bald einem „Speckdeckel" glich. Um den Hals hatte er einen Kragen gelegt, der aber nicht zu seinem Hemd paßte. Sein Anzug war mindestens so alt wie das Jahrhundert, und seine Schuhe waren ein „Traumpaar". Die ganze Person machte einen erbärmlichen, armen Eindruck. Und dennoch sah man der skurrilen Figur, die mit zierlichen, vorsichtigen

Schritten durch die Gassen schlurfte, an, daß der Mensch, der in dieser sonderbaren Aufmachung steckte, einmal bessere Zeit gesehen haben mußte.

Auch das Benehmen von Alfred Kühner verriet eine gute Kinderstube, denn er war stets höflich zu jedermann in seiner Art. Bereitwillig gab er Antworten, wenn ihn jemand nach seiner Vergangenheit, über seine Person befragte. Er schien ein überaus gutes Gedächtnis gehabt zu haben. Und seine Augen strahlten, wenn er über sein früheres Geschäft gesprochen hat. Der Krieg soll aus ihm, erzählte er oft, einen armen Mann gemacht haben. Und sein Warenlager soll einen Wert von mehreren tausend Mark gehabt haben. Der Tee-Onkel hatte eine feine, fast kindliche Stimme, die etwas Angenehmes an sich hatte.

Sprach er von seiner Drogerie, lebte er förmlich auf. Er schilderte die Einrichtung, redete von glänzenden Spiegelwänden, fluchte zwischendurch – wenn auch leise – über die Inflation, die ihn ruiniert haben soll, und wußte über seine Fähigkeit zu berichten, Ratten- und Mäusegift herstellen zu können. Einmal erzählte er eine kleine Begebenheit am Rande: „Eine Aufsichtsperson kam in meine Wohnung. Und als der Mann eine tote Maus zwischen dem Giftweizen in einer Schublade entdeckte, hatte er angeordnet, den Weizen zu vernichten. So ein Unsinn, wozu hatte ich denn den Weizen?"

Danach hatte Alfred Kühner eine Katze angeschafft, die ihm aber von „guten Nachbarn" getötet wurde, weil sie, wie das Katzen so an sich haben, einige Vögel gejagt hatte. Er war daraufhin ungehalten, schimpfte mit seinen Mitmenschen und fragte immer wieder empört, wer denn nun die Mäuse fangen sollte, die nun wieder auf Tisch und Stühlen tanzten. Prompt streute er wieder Giftweizen. Er war eben ein Original, und diese genossen die so oft zitierte Narrenfreiheit.

Ein Narr war Alfred Kühner wahrlich nicht. Obwohl er seine Umwelt durch seinen Kneifer auf der Nase mit anderen Augen betrachtete, als dieses die Menschen im allgemeinen taten. Für ihn verlief sein Leben ganz zufriedenstellend. Er wollte das Chaos nicht bemerken, in dem er hauste; wohnen konnte man beim besten Willen nicht dazu sagen.

Er hatte nie geheiratet und kochte sich seine Mahlzeiten selbst. Manchmal bekam er auch ein Essen von seinen Nachbarn, das er dann mit Ware bezahlte. Stets hat er bestritten, einsam zu sein. Wer soviel unter die Leute geht, konnte nach seiner Meinung gar nicht einsam sein. Unsinn. Sein ungewöhnliches Benehmen, sein Auftreten rief – und das war wohl zu allen Zeiten so – die Jugend auf den Plan, die ihm so manchen Streich spielte. Aber der Tee-Onkel blieb stets ruhig und reagierte gelassen. Er fügte sich still in sein Schicksal. Er war ein ganz harmloser Mann, der niemandem etwas zu Leide tat. Er war zurückhaltend, fast schüchtern und wollte nur, daß man ihm seinen Frieden ließ.

Ein Journalist der Braunschweiger Nachtpost besuchte Alfred Kühner, der zu der Zeit (1930) 58 Jahre alt war, in der Reichsstraße und berichtete darüber unter anderem: „Ja – und da hat Herr Kühner uns nun eingeladen, ihn einmal zu besuchen. Und das haben wir dann auch gemacht. Erspart uns die Schilderung.

Wir haben nie geglaubt, daß ein Mensch in solch einer Behausung wohnen kann. Was hier alles rumsteht an Kisten, Kästen und sonstigen Dingen, das übersteigt alle normalen Begriffe um ein Bedeutendes". Und weiter heißt es: „Der an sich sehr große Raum ist dermaßen vollgepackt, daß kaum ein Gang für die Bewegung bleibt. Von einer Sauberkeit ist überhaupt nicht zu reden. Herr Kühner wohnt nun schon 22 Jahre hier. Er hat 22 Jahre hindurch etwas in seinen Bau reingeschleppt, hat aber nach unserer mutmaßlichen Kalkulation in diesem Zeitraum nie wieder etwas rausgetragen. Alles, was reingekommen ist, blieb drinnen. Aber er fühlt sich putzmunter in seinem Raum. An der Seite ist eine Wasserleitung, unter ihr stehen Gefäße. Nebenan ist ein Tisch. Sein Kochtisch! Und was da drauf steht! Da sind Töpfe und nochmals Töpfe. Seit zehn Jahren vermutlich nicht sauber gemacht. Sie sind weder von außen noch von innen sauber.

Kartons und nochmals Kartons. Dazwischen liegt seine Garderobe. Er hat genug. Aber was er hat, ist genau so schäbig, wie das Zeug, was er auf der Straße trägt. Wo ist das Bett, von dem er so gewaltig schwärmte? Er zeigt es uns und bemerkte mit Stolz, daß sich in ihm gut schlafen und liegen läßt. Für unsere Begriffe ist es bestimmt keins. Eine Bettstelle wohl, aber eine, der zwei Füße fehlen, so daß sie von links nach rechts schräg hängt. Von einem Unterbett kann eigentlich auch keine Rede sein. Das sind Lumpen, solange in das Bett hineingepackt, bis eine Auflage da war. Aber es schläft sich tadellos in ihm. Mit einem Wort gesagt: Sauwirtschaft. Aber wir vermuten, wenn man Ordnung hineinbringt, wird Herr Kühner krank.

Um den ganzen überflüssigen Kram rauszubringen, sind schätzungsweise drei bis vier Müllwagen erforderlich. Man weiß nicht, was man sagen soll. Die Wohnung ist ein kleines, nein, ein großes Dreckloch. Der Hauswirt wollte schon Ordnung reinbringen. Aber die Versuche scheiterten an dem Widerstand des Herrn Kühner".

In der Stadt erzählte Tee-Onkel guten Bekannten, daß sein Unterbett noch gut ist. Nur das Oberbett taugt nicht mehr viel. Ja – was ist da groß zu sagen. Er war ein Original. Ein Mensch, der selbst nichts von seiner komischen Figur, die er darstellte, wußte. Er war mit sich und der Welt zufrieden. Seine Einnahmen bezeichnete er als gut. Er war stolz auf seine feste Privatkundschaft. Und er litt, wie er immer wieder beteuerte, keine Not. Stolz behauptete er auch bei jeder Gelegenheit: „Ich zahle sogar Steuern. Und das im voraus!" Man konnte schon Waren von ihm kaufen, und die Braunschweiger taten es auch. Denn schließlich handelte er nicht mit Eßwaren, sondern mit Reinigungsmitteln, die er eigentlich selbst gut gebrauchen konnte.

Überliefert ist, daß ihn sein Hauswirt einmal im Jahr gründlich gewaschen haben soll. Der gute Mann muß überhaupt zu seinem Mieter, Alfred Kühner, ein gutes Verhältnis gehabt und zu ihm gestanden haben, als „gute Menschen" den seltsamen Kauz nach Königslutter bringen wollten. Der Hauswirt wußte zu berichten, daß Alfred Kühner sehr oft Musik gemacht und fast alle Instrumente beherrscht haben soll. Auch über die selbstverfaßten Gedichte seines Mieters war er voll des Lobes: „Sie haben viel Sinn."

Eine Begebenheit, die sich im Hause Reichsstraße 6, besser gesagt, vor dem Haus, zugetragen
haben soll, wurde auch von Gertrud Kirry (Braunschweig Archiv), die durch ihre Langspielplatten „Die
Ölpersche Nationalhymne" und „Klinterklater" bekannt wurde, bestätigt. Es ging um eine „Reinigungs-
aktion" bei Alfred Kühner: „Einmal, an einem heißen
Sommertag, vollzog sich dann diese ,Generalreini-
gung' unter freiem Himmel. Alfred wurde, so wie ihn

unser Herrgott erschaffen hat, im Hof auf eine Kiste gestellt, abgeseift und abgespritzt." Bei einer ähnlichen Nachbarschaftshilfe sollen in seiner „Bude" sogar einmal 3000 Reichsmark gefunden worden sein. Davon soll der Tee-Onkel neu eingekleidet und seine Wohnung renoviert worden sein.

Alfred Kühner, ein liebenswerter Mensch, ein Original in Braunschweig, das unvergessen bleiben wird. Die Menschen haben alle einen Ursprung und sind doch so unterschiedlich, weichen voneinander ab. Mitunter sind es große Ereignisse, die jemanden aus der Bahn werfen, dann wieder Kleinigkeiten, die ein Leben total verändern. Viele gelangen zu Reichtum und schauen auf die Armen herab, vergessen dabei sogar sehr oft, daß es mitunter nur einer winzigen Begebenheit, an der sie selber völlig unschuldig sind, bedarf, um sie morgen das werden zu lassen, was sie heute noch überheblich belächeln. Das Leben ist voller Überraschungen.

Alfred Richard Oscar Friedrich Kühner (so sein voller Name) wurde am 24. Mai 1943 im Altenheim der Neuerkeröder Anstalten Haus „Sonnenschein" aufgenommen. Der Grund der „Umsiedlung" ist in den Akten nicht vermerkt worden. Es wird lediglich angenommen, daß er eventuell mit dem Landeskrankenhaus Braunschweig, das in der Zeit nach Neuerkerode ausgelagert wurde, nach dort gekommen war. Alfred Kühner, der Tee-Onkel, das unvergessene Original aus Braunschweig starb am 10. Juni 1945 an Altersschwäche. Er hat das 1000jährige Reich und den damit verbundenen Krieg überlebt. Er wurde auf dem Anstaltsfriedhof in Neuerkerode beigesetzt.

Originale als Gegenstände der Bildhauerkunst

Auch Künstler befaßten sich mit den Braunschweiger Originalen. Im März des Jahres 1931 stellte der einheimische Bildhauer Hans Bethmann sieben Statuetten im Städtischen Museum aus, zu denen bekannte Originale jener Zeit „Modell gesessen" hatten. Zahlreiche Besucher hatten die Möglichkeit, die noch lebenden Personen wie Harfen-Agnes und den etwas wunderlichen älteren Herren mit einem gewaltigen Pappkarton unter dem Arm (Tee-Onkel?) sowie natürlich den Rechen-August und den Deutschen Hermann, die einige Jahre vorher gestorben waren, in einer Glasvitrine zu besichtigen. Es waren wahre Meisterwerke, die der Künstler geschaffen hatte.

Zu den dargestellten Originalen gehörten ferner der Maler *August Stockmann,* ein zu seiner Zeit bekannter Künstler, der mit zunehmendem Alter und durch harte Schicksalsschläge menschenscheu und kauzig geworden war. Er war ein Nachkomme des Lackfabrikanten Stockmann. In der Nähe seiner Wohnung in der Wilhelmstraße sahen die Leute den hochaufgeschossenen Mann mit langen, weißen Haaren, die von einem hohen Lederzylinder bedeckt waren, durch die Straßen eilen. Er war hager, ging stets vornübergebeugt durch die Stadt und schien ständig mit sich selbst im Gespräch vertieft. Seine Kleidung entsprach keinesfalls der Mode, sondern schien ebenso alt zu sein wie er selbst – Flicken übersäten seine enge Schlauchhose und den ebenfalls viel zu engen Rock.

In früheren Jahren hatte er sich der Kunstmalerei

gewidmet, mehrere Akademien besucht und hoff-
nungsvoll in die Zukunft geblickt. Doch der Sohn des
Gründers der Herzoglich Braunschweigischen Hof-
Lackfabrik fühlte sich von den Kritikern verkannt und
von den Menschen nicht verstanden. So kehrte er
nach einem Aufenthalt in Paris schwermütig nach

Braunschweig zurück. Im Jahre 1853 hatte er mit seinem Bild „Das Frühstück" einen beachtenswerten Erfolg zu verzeichnen. Das Gemälde wurde vom Hannoverschen Kunstverein angekauft und danach in Kupfer gestochen. Dies genügte ihm aber nicht. Er vermißte wohl den großen Durchbruch, der jedoch ausblieb. August Stockmann kapselte sich immer mehr von der Umwelt ab und wurde zum Einsiedler, dem es – wie den übrigen Originalen auch – nicht erspart blieb, von den „Löken", den Straßenjungen verspottet zu werden. Sein Schmerz und seine Trauer – vom zerknitterten Zylinder, über hochgeschlossenem Rock und Hose sowie Handschuhen ging er in schwarz – waren so groß, daß er seine von ihm gemalten Bilder niemandem mehr gezeigt hat, die Gemälde sogar mit der bemalten Seite nach innen aufhängte.

Eine in Brünings-Saalbau auftretende Theatergruppe hatte zu der Zeit einmal ein Singspiel aufgeführt, das den Titel „Braunschweiger Leben" hatte. Die Braunschweiger Originale wurden auf der Bühne imitiert. Ein auf diesem Gebiet talentierter junger Schauspieler soll bei den Vorstellungen August Stockmann so täuschend in Garderobe und Auftreten nachgeahmt haben, daß sich das Publikum mitunter nicht sicher war, ob der Maler Stockmann nicht selbst auf der Bühne stand. Das von dem Ensemble gesungene Spottlied auf das Original „Kinder, Kinder, Kinder, seht nur mal den Zylinder..." soll dazu geführt haben, daß die Familie August Stockmanns diesem seine verspottete Kleidung fortgenommen haben soll. Dieses hatte Stockmann nicht verwunden. Es wurde still um ihn. Die Kinder, die ihn angepöbelt und die

Erwachsenen, die ihn nachsichtig belächelt hatten, vermißten ihn. Der einst so hoffnungsvolle, dann aber vom Leben enttäuschte Maler August Stockmann starb als verbitterter Greis im Jahre 1905.

Seine Zeitgenossen waren der „*Viehhändler*" Duderstadt, der fröhlich seinen Stock schwingend durch die Straßen zog, und „*Waldmeister*", ein gewisser Degering, der besonders bei den Kindern wegen seines mächtigen Bartes und seines lauten Rufens „Waldmeister – Allee Sorten Tee!" große Aufmerksamkeit weckte. Er soll ein früherer Apotheker gewesen und aus einer guten Familie gekommen sein. Wo er auftauchte und mit langgezogener Stimme seinen Tee und seine Kräuter anpries, versammelten sich die Kinder und ahmten seinen Ruf nach. Aber sie blieben stets auf Distanz, denn sein Äußeres flößte ihnen doch gehörige Angst ein.

„Waldmeister" mußte sich um Kunden keine Sorgen machen. Seine Kenntnisse über „alle Sorten Tee" wurden von den Erwachsenen schnell erkannt. Und so schlug sich der Mann, der aus unbekannten Gründen an den Rand der Gesellschaft gedrängt worden war, recht und schlecht durchs Leben. Die Bürger hatten sich an seinen Anblick gewöhnt, er gehörte zum damaligen Straßenbild. Abwechselnd trug er einen großen Schlapphut oder einen Strohhut, unter denen sein langes, wildgewachsenes Haar, das bis auf die Schultern reichte, hervorquoll. An einem langen Riemen, den er um seinen Hals geschlungen hatte, trug er einen großen Weidenkorb, in dem er seine Kräuter, kunstgerecht sortiert, aufbewahrte. Dem Mann soll es einen Heidenspaß gemacht haben,

Türknauf am Braunschweiger Rathaus, Langer Hof

vor den Häusern seiner Verwandten gestanden zu
haben, um dann mit durchdringender Stimme zu
rufen: „Waldmeister – Allee Sorten Tee!"

Das Städtische Museum besaß ferner noch ein
künstlerisches Werk, ein Dokument über altbraun-
schweigische Originale, das etwa 50 Jahre vor der
Ausstellung entstanden war: Ein Ölgemälde aus dem
Jahre 1884, das die damals bekannten Originale dar-

stellte, von C. Brandes. Es zeigte auch den von Hans Bethmann verewigten Degering („Waldmeister"), „Heirat" (mit einer Kaffeemühle in der Hand), „Gifhorn", August Bock (mit einer Kiepe) – genannt Torf-August und Hermann Lehman.

Die vier wohl bekanntesten Braunschweiger Originale – Harfen-Agnes, Rechen-August, Deutscher Hermann und Tee-Onkel – sind heute noch als kleine Bronzefiguretten in einer Vitrine des Städtischen Museums zu besichtigen. In der Gaststätte „Mutter Habenicht", Papenstieg 3, die seit 1870 besteht, erinnern vier Werke des Braunschweigers Arthur Giebler an die unvergessenen Sonderlinge. Harfen-Agnes und Rechen-August sind auch, künstlerisch gestaltet, als Türknauf am Eingang des Rathauses, Langer Hof, zu bewundern.

Otto Jeremias

Zur Zeit, als der Bildhauer Hans Bethmann die Originale im Museum ausstellte, gab es in Braunschweig wohl kaum einen Einwohner, der Otto Jeremias, der gewöhnlich nur „Ottchen" gerufen wurde, nicht kannte. Obwohl er sich grundsätzlich von den typischen Originalen unterschied, galt er als solches. Er machte sich einen Namen als Karussellbesitzer und als sogenannter „Fliegender Händler". Otto Jeremias war ein ausgesprochener Komiker mit einem großen Geschäftssinn. Seine Eltern wohnten am Ruhfäutchenplatz 3 im Hinterhaus, als er am 15. Oktober 1898 geboren wurde. Sein Vater war Korbmacher und war aus Schlesien nach Braunschweig gekommen. Nach mehrmaligem Umziehen, wohnte die Familie später in der Karlstraße 40.

Ottchen wußte sein Talent dort einzusetzen, wo es für ihn am lohnensten erschien. Stand er auf dem Kohlmarkt, um dort mit lockeren Sprüchen sein Publikum anzulocken, hatte er großen Zulauf, weil die Bürger wußten, daß ihnen – wenn sie sich nicht auf einen Kauf seiner meist nicht lebensnotwendigen Waren einließen – eine humoristische Gratisvorstellung erwartete. Und um 1930 war das Geld knapp; Lachen war schön und kostete nichts.

Er verstand es, zu begeistern. Quirlig und stets ein breites Lächeln auf seinem jugendlichen Gesicht hantierte er an seinem Verkaufsstand, hielt Küchenmesser, Rasierklingen sowie unter anderem Seife hoch und beschwor die Leute: „Das ist billigste, beste Qualität!"

Ottchen, gedrungen und immer salopp angezogen, war meistens unrasiert und trug auf dem Kopf eine Melone, die er beim Anpreisen seiner Waren mal ins Gesicht, mal in den Nacken schob. Hatte er etwas verkauft, verschwand das Geld – meist nur Groschenbeträge – schnell in einer Zigarrenkiste, die aber dank seiner Geschäftstüchtigkeit immer ein achtbares „Gewicht" gehabt haben soll. Es soll aber auch vorgekommen sein, daß sich nach einem seiner Vorträge kein Käufer gefunden hat. Dann soll er, aber auch nicht ohne Humor, gesagt haben: „Die Steine werdet ihr noch küssen, Blumen werdet ihr streuen, wo ich gestanden habe!" Fleißig war er und voller Ideen.

Ebenso wie als Straßenhändler war er als Karussellbesitzer populär. Er hatte zwar nur ein kleines Fahrgeschäft, dafür konnte er aber stets einen großen Zulauf verzeichnen. Hier scheute er sich auch nicht, einen zugkräftigen Reklametrick anzuwenden, der so manchem Braunschweiger noch lange in den Ohren klang. Ottchen griff nämlich zur Trompete und blies. Der Matador der Straßenhändler verwandelte sich. Statt seiner Melone (Halbkugel) trug er auf seinem blonden Haar jetzt einen Strohhut – eine Kreissäge. Seine Kleidung bestand aus einem altmodischen Gehrock, an dem er eine riesige Chrysantheme aus Papier im Knopfloch befestigt hatte. Und um die Maskerade vollkommen zu machen, klemmte er ein Monokel ins Auge. In seinem Aufzug und mit der Trompete – er war einst Militärhornist – erregte er natürlich großes Aufsehen. Denn, um seine Kunden zu seinem Karussell zu locken, stellte er sich auf den Kohlmarkt, stieß ins Horn, blies und blies. Dann ging er durch die

Straßen und wiederholte seinen Auftritt, der – weil ihm eine große Schar Kinder folgte – an den Rattenfänger von Hameln erinnerte.

Ein zugkräftiger Reklametrick, das Blasen in seinem originellen Kostüm. Aber das Blasen hatte auch einen Haken. Denn das Blasen war verboten, besonders an einem Sonntag, sagte die Polizei, sagten „böse Leute", sagte das Gericht. Ottchen erhielt einen Strafbefehl über drei Mark wegen „groben Unfugs". Daraufhin wollte er der Obrigkeit etwas blasen und beantragte eine richterliche Entscheidung. Aber Otto Jeremias hatte kein Glück, die Strafe blieb bestehen und der Richter führte aus: „Sehen Sie mal, Herr Jeremias, wenn nun jeder alte Militärhornist eine derartige laute Propaganda betriebe, was gäbe das für ein Spektakel."

Die Zeitung hatte dieses sogenannte Spektakel aufgegriffen und geschrieben: „Ein schönes Sprichwort gibt es, das auch hier angebracht scheint, ob Lied oder Blasen, beides für gute Menschen. Das möge sich Jeremias als Trost dienen lassen. ‚Wo man singt, da laß' dich ruhig nieder, böse Menschen kennen keine Lieder'…"

Otto Jeremias hatte jetzt noch einen viel größeren Effekt erzielt. Viele Menschen wollten nun den Mann sehen, über den die Zeitung berichtet hatte. Und selbstverständlich nahmen die Leute auch ihre Kinder mit, für die es dann eine große Freude war, eine Fahrt auf dem Karussell zu machen. Die Eltern waren gern bereit, die fünf Pfennige für ihre Kleinen zu bezahlen. Ottchen stand dann freudestrahlend dabei und sang, indem er die Orgel drehte, zur Melodie des Leier-

kastens sein Lieblingslied „Im Rosengarten von Sans-
souci ..."

Während das Karussell zum erstenmal 1922 erwähnt wird, bekam er im März 1925 die Erlaubnis,
„auf der Südseite des Kohlmarktbrunnens mit Front
zur Friedrich-Wilhelm-Straße" einen Straßenhandel
zu betreiben. Hier wurde er populär, hier wurde er
zum Braunschweiger Original.

Als 1928 seine Mutter erkrankte, mußte er den Unterhalt für die ganze Familie bestreiten. Eine schlechte Zeit. Die große Arbeitslosigkeit machte sich auch bei ihm bemerkbar. Er heiratete am 28. Mai 1931 Anna Fricke aus Dorstadt und hatte die Absicht, einen kleinen Vergnügungspark am Lünischteich, für den er schon das Gelände angepachtet hatte, zu eröffnen. Aber sein Vorhaben, sein größter Wunsch ging nicht mehr in Erfüllung. Ende 1932 wurde er ins Krankenhaus gebracht, wo er am 1. Januar 1933 einer heimtückischen Krankheit erlag.

Das war Ottchen Jeremias, der mit 15 Jahren eine Lehre bei Tischlermeister Wilhelm Brümmer auf der Wilhelmstraße 67 begann und anschließend – er hatte seine Ausbildung gerade beendet und galt als tüchtiger Handwerker – in das Infanterie-Regiment 92 in Braunschweig eingezogen wurde. Nach der Ausbildung kam er mit der 2. Kompanie des Reserve-Infanterie-Regiments 465 an die Front in Frankreich. Ein Familienbild zeigt ihn mit dem Eisernen Kreuz II. Klasse.

In knapp zehn Jahren seines kurzen Lebens war er bei den Braunschweigern so bekannt und beliebt geworden, daß sich die Bürger seiner noch lange erinnerten.

Tauben-Tante

Was schon zu Beginn des Jahrhunderts immer wieder
prophezeit wurde, die Originale sterben aus, sollte
noch viele Jahrzehnte auf sich warten lassen. Und ob
es sich bei jedem Sonderling um ein charakteristisches
Original gehandelt hat, war und blieb stets umstritten.
Mitunter waren es auch nur „ganz normale Bürger",
die lediglich durch ihr Äußeres und ihr Auftreten besonders im Stadtbild auffielen und in der Erinnerung,
im Nachhinein das Prädikat „Original" erhielten. War

die Blumenverkäuferin, die mehr als vierzig Jahre am Rathaus ihren Stand hatte und jedem bekannt war, ein Original oder „nur" eine freundliche Person, der man gern einen Strauß ihrer stets reichen Auswahl an Blumen abkaufte? Frau Hotopp, die „Hotoppsche" genannt, bereicherte in jedem Falle das Straßenbild und half so manchem Einwohner, wenn er schnell noch ein Geburtstagspräsent brauchte oder einem Kavalier, wenn er ein Rendezvous hatte. Sie hatte ihren Platz, und jeder kannte sie.

Vielleicht das letzte, wirkliche Original war in Braunschweig wohl die Tauben-Tante, die mit bürgerlichem Namen Anna Theresia Kallenbach hieß und auf der Marienstraße 56 wohnte. Sie war die Mutter der Tauben auf dem Burgplatz, dem Kohl- und Altstadtmarkt sowie unter anderem an der Magnikirche und auf dem Hagenmarkt. Überall in der Stadt, wo Tauben auftauchten, konnte man auch die Tauben-Tante antreffen. In großen Taschen und Tüten, die sie auf einem alten Karren vor sich herschob, transportierte sie unsagbare Mengen von kleingeschnittenem Brot, um ihre Lieblinge zu füttern. Täglich machte sie ihre Runde, und sie ließ sich von nichts abbringen. Bei strahlendem Sonnenschein, bei eisiger Kälte war sie unter ihren Schützlingen zu finden, für die sie so manchen Laib Brot hinzukaufte, wenn die erbetenen Spenden, die sie von den Bäckern erhielt, nicht ausreichten.

Anna Theresia Kallenbach, sie wurde am 26. April 1891 in Eisenach geboren, war ledig geblieben und fand vielleicht in ihrer sich selbst gestellten Aufgabe eine Tätigkeit, die sie voll erfüllte. Ihr machte es gar

nichts aus, wenn die Menschen kopfschüttelnd dabei-
standen, wenn sie „ihre" Tauben versorgte. Sie war
sich der Gegenliebe der Tiere bewußt, die sich gern
verwöhnen ließen. Zutraulich flogen sie auf ihre spen-
denden Hände und pickten ihr das Futter aus den
Handflächen. Ein echtes Mitgefühl für die Kreatur be-
herrschte die Tauben-Mutter, wie sie auch oft genannt
wurde. Fanden sich Passanten, die sie gern mit den
Tauben fotografieren wollten, erklärte sie sich natürlich bereit dazu. Mitunter fiel dabei ein kleines Aner-
kennungshonorar für sie ab. Eine beliebte Pose von
ihr war, wenn sie mit ausgebreiteten Armen dastand,
die Tauben ihr auf dem Kopf, den Armen und Schul-

tern saßen (wohin die Leute vorher das Futter verteilt hatten) und die Brotbröckchen aufpickten.

Ihre Fütterungsaktionen erschienen so manchem Bürger wie ein stiller Protest gegen die beabsichtigten Vorhaben, die „schädlichen wilden Tauben zu vergiften". Sie wurde auch dabei beobachtet, wie sie offenbar kranke Tiere behutsam in ihren Karren legte und mit nach Hause nahm, um sie gesund zu pflegen. Ja, so war sie, die Tauben-Tante. Sie wurde zwar nicht in der Stadt geboren, wurde aber ein echtes Braunschweiger Original. Anna Theresia Kallenbach starb am 1. März 1963. War sie das letzte Original in den Straßen der Stadt, über das gelacht, gespottet wurde – mit dem viele Menschen Mitleid empfanden? Es ist wahrscheinlich. Aber wer will es wirklich wissen?

Braunschweiger Originale aus früherer Zeit

Mohrenrieke

Braunschweig war im Jahre 1798 mit etwa 27 000 Einwohnern noch eine Kleinstadt. Und so war es zu der
Zeit schon eine Sensation, daß in den Mauern der ehr-
würdigen Herzogsstadt ein schwarzes Kind geboren
wurde, ein Mädchen, das in späteren Jahren als Mohrenrieke zu einem Original wurde. Viele Anekdoten
kreisen um ihre Person, und es fällt schwer, diesen
immer Glauben zu schenken.

Friederike Joel, so hieß die Mohrenrieke mit bürgerlichem Namen, hatte die Hautfarbe und das
schwarze wollige Haar von ihrem Vater, des beim hie-
sigen Militär dienenden schwarzen Tambours Christian Joel, geerbt. Das Mundwerk bekam sie von ihrer
Mutter Sophie, geborene Haken, mit auf den Weg.
Die kaffeebraune Rieke war bald als „swarter Düwel"
in der Stadt bekannt. Die Schulkinder bekamen ihre
angeborene Frechheit zuerst zu spüren. Die Jungen
und Mädchen erzählten ihren Eltern von ihrer Mit-
schülerin, die nichts als Streiche im Kopf hatte. Und
so blieb es nicht aus, daß ihnen der Umgang mit Mohrenrieke untersagt wurde.

Ihre Eltern kümmerten sich herzlich wenig um Friederike, so daß das Kind auf sich gestellt war und die
Gassen unsicher machte. Es war auch die Rede davon,
daß das Mädchen, das so zügellos ihre Frechheiten
„an den Mann" brachte, in die Besserungsanstalt nach
Bevern geschickt werden sollte, was die Rieke aber
geschickt zu umgehen vermochte. Herangewachsen,
verdiente sie mit ihrem großen Mundwerk und ihrer
Dreistigkeit sogar noch Geld.

Verschiedene Bürger heuerten sie an, um ihnen mißliebige Leute zu beschimpfen. Na, und das konnte sie ja. Sie stellte sich vor ihren Opfern in Position und ließ die übelsten Kanonaden auf sie loß. Und je nach Bezahlung lief sie den empörten Leuten nach, ohne ihre Beschimpfungen zu unterbrechen, bis sie meinte, sie habe für die Bezahlung genug „gearbeitet". Der

Opernsänger Cornet hatte Mohrenrieke einmal zwei Gutegroschen geboten, wenn sie einmal jemandem so richtig die Meinung sagte. Da hätte man mal die Mohrenrieke sehen sollen. Sie warf ihren Wuschelkopf in den Nacken, stemmte die Arme in die Hüften und schrie, was das Zeug halten wollte: „Wat denkt Sei sick denn, dat ick hier for twei Gudegroschen siene Ape sien soll? Da legge ick noch'n Groschen tau, gahe up de Galerie int Theater, un denne is Hei miene Ape!" Sie soll so laut geprahlt haben, daß die Leute auf dem Bohlweg, wo sich die Szene abgespielt hatte, zusammenliefen. Ob dieses Auftrittes in der Öffentlichkeit, soll sich der berühmte Sänger flugs aus dem Staube gemacht haben.

Es muß schon große Liebe gewesen sein, als sich der Schuhmachergeselle Johann Christian Rabsilber entschlossen hat, das stadtbekannte Original zu ehelichen. Am 31. Mai 1819 gab sich das Brautpaar in der Katharinenkirche vor dem Traualtar das Ja-Wort fürs Leben. Auf dem Werder Nr. 1456 wohnte das junge Paar und schenkte am 18. Dezember 1828 einem Mädchen das Leben. Es wurde am 26. Dezember des Jahres in der Katharinenkirche auf den Namen Johanne Christiane getauft. Während dieser Jahre soll sich die Mohrenrieke fast normal verhalten haben.

Als die Bürger aber im Jahre 1830 Herzog Carl vertrieben, machte die Mohrenrieke wieder von sich reden. Während des Schloßbrandes soll sie beim Plündern des Palastes ihre Finger im Spiel gehabt haben. Hier gehen die Überlieferungen etwas auseinander. An einer Stelle heißt es, daß sich die Mohrenrieke erstmals an richtigen Federbetten erfreute, andere

wissen zu berichten, daß sie „einige Polstermöbel gefunden" haben soll.

Einige Tage nach dem Feuer fahndete die Polizei
nach sämtlichen „geretteten" Sachen. Eine heiße Spur
führte zu Rieke. Als eine Hausdurchsuchung den Ver-
dacht bestätigte, und sie zur Herausgabe aufgefordert
wurde, hielt sie es für eine Grausamkeit, daß man ihr
„dat betten Armut" wegnehmen wollte. Sie schimpfte
fürchterlich: „Nehmen se man hen, bloß wat se midde
tau krieget, da kann ick nich for instahn – –!" Das Ri-
siko war wohl für die Polizei zu groß, so daß sich Mohrenrieke weiter unbehelligt ihres Raubes erfreuen
konnte. Sie starb im Jahre 1840.

Ihre Tochter Johanne, auch Mohrenlämmecken genannt, hatte lediglich einen Ruf als Kartenlegerin. Sie
soll diesen Beruf viele Jahre in ihrer Wohnung auf der
Langenstraße ausgeübt haben. Der Name, den ihr
ihre Mutter gegeben hatte, „mien Twieg", hat sich
noch viele Jahre in der Bevölkerung gehalten.

Dentchendey

Um 1845 machte in Braunschweig ein vom Körperwuchs her kleiner Mann von sich reden, der die unerklärliche Bezeichnung „Dentchendey" erhalten hatte. Dieses äußerst kleine Männlein war ein Schneidergeselle, der stets im hüpfenden Gange durch die Straßen tänzelte und eine höchst auffällige Garderobe trug; einen gewöhnlichen blauen Frack mit gelben Metallknöpfen, ein gelblich gestreiftes Nankingbeinkleid nebst einer ähnlichen Weste und ein altdeutsches, weißes Jabot, das seine schmale Brust schmückte. An den Füßen fielen besonders die damals modernen Schnabelschuhe mit blanken eisernen Schnallen auf. Und um all diesen Herrlichkeiten die Krone aufzusetzen, thronte auf seinem Haupt eine barettartige Kopfbedeckung. Aus der Westentasche hing lässig eine aus Messing bestehende Kette, an der das zu jener Zeit unerläßliche Petschaft baumelte. Das Schneiderlein machte im großen und ganzen den Eindruck, als wollte es einen Diplomaten oder einen hohen Gelehrten kopieren.

Wie jedes Original hatte auch der zierliche Mann mit den Straßenjungen seine liebe Not. Wo er sich auch in den Gassen oder auf den Straßen der Stadt zeigte, schallte es ihm im Chor entgegen: „Dentchendey, Dentchendey!" Aber nicht nur die Jugend, sondern auch die erwachsenen Bürger machten sich über den kleinen Schneider lustig, attackierten ihn sogar mitunter. Er aber nickte seinen Spöttern stets freundlich zu, blieb höflich und in vergnügter Stimmung. Vielleicht war es Freundschaft, vielleicht aber auch eine geheime Rache, wenn er aus guter Laune heraus den Jungen eine Zweipfennigzigarre schenkte, die diese dann in dunklen Haustoren verpafften. Als der kleine Schneider etwa im Jahre 1850 nach Amerika ausgewandert war, hatte die Fröhlichkeit ein Ende.

Dreck-Jette

Etwa zur gleichen Zeit wie der kleine Schneider lebte in der Stadt eine Frau, der man den häßlichen Namen „Dreck-Jette" gegeben hatte. Die Hausbesitzer mußten damals den Straßenkehricht dreimal in der Woche zu einem Haufen vor den Häusern zusammenfegen, die dann von großen Kastenwagen abgeholt wurden. Der Fuhrmann schaufelte den Schmutz auf sein Gefährt, und Dreck-Jette hatte die Aufgabe, den Kehricht mit dem Besen in flinker Fertigkeit auf die riesige Schaufel zu fegen. Sie war eine kleine, aber recht wohlgenährte Person von etwa 58 Jahren.

Ihre schlichte Garderobe starrte von Schmutz. Ihr Gesicht und ihre Hände vermittelten den Eindruck, als hätten sie niemals Berührung mit Seife gehabt. Dennoch strahlte sie eine gewisse Gutmütigkeit aus. Auch sie schien sich niemals über die Grobheiten der „Löken" und „Latcher" zu ärgern. Wenn die Straßenjungen sie bei ihrem Spitznamen riefen, dann setzte sie ein stilles Lächeln auf und ging ruhig ihres Weges. Ihr ständiger Begleiter war ein Hund, ein weißer Spitz, der aber auch nicht sauberer war als seine Herrin. Wenn auch beide ein ärmliches Leben fristeten, so waren sie doch unzertrennlich. Natürlich kam es vor, daß die „Lusebengels" sie neckten, wegen ihres Hundes. „Der is ja nur aus Fell", hörte man oft. Doch Dreck-Jette antwortete dann ganz ruhig: „Hei kricht schon manchmal wat tau äten!" Wurden aber die Foppereien zu stark, konnte es passieren, daß sie ihren Spitz aufforderte: „Schilt se mal ut!"

Im übrigen besaß sie einen freundlichen Charakter

und war unfähig, irgendeine schlechte Handlung zu begehen. Ihre Wohnung soll sich auf einer Straße befunden haben, „die durch öfter dort vorkommende Exzesse nicht gerade im besten Ruf stand". Sie aber hatte niemals mit ihren Nachbarn irgendeinen Streit.

Fridolin

Ein Original, das um die Mitte des 19. Jahrhunderts als komische Figur auftrat, wurde von den Bürgern „Fridolin" gerufen. Auch er, der immer fröhlich aufgelegt war, war ein harmloser und friedlicher Typ, ein Sonderling. In seinen jüngeren Jahren tat er sich durch allerlei Husarenstücke hervor, indem er zum Spaß und Vergnügen der Menschen so manche Schnurre inszenierte. Er soll sogar hier und da eine Arbeit angenommen haben. Aber es blieb stets nur der Versuch, ein redliches Leben zu führen, wie es wohl damals um 1850 nach Meinung der Gesellschaft erstrebenswert war. An den meisten Tagen schlenderte Fridolin unbekümmert durch die Gassen, erfreute sich des Nichtstuns und wurde oft angetroffen, wenn er mit anderen Männern an den Straßenecken stand und in heiterer Stimmung die Flasche kreisen ließ.

Seine äußere Erscheinung verriet, daß er mehr als nachlässig war. Und so fiel er allein schon durch seine Kleidung auf. Er trug nur – wie überliefert wird – das, was er geschenkt bekam. Sein Geld, wenn er einmal etwas besessen hat, gab er bestimmt nicht für Garderobe aus. Ein seltsamer Kauz, der ziemlich hochgeschossene, lange Kerl. Es berührte ihn nicht, daß seine Hosenbeine stets „Hochwasser" anzeigten. Seine Jackenärmel waren entweder zur kurz oder – wie es schien – seine dürren Arme zu lang.

Seine Originalität unterstrich Fridolin, indem er zum Beispiel im Winter einen Strohhut aufsetzte und im Sommer, wenn die Sonne heiß vom Himmel schien, mit einer dicken Pelzmütze gesehen wurde.

Eine Anekdote aus jenen Tagen ist typisch für Fridolin. An einem besonders warmen Sonntagnachmittag soll er in einem dicken Wintermantel und mit einer großen Pelzmütze auf dem Kopf zu einem Konzert in „Holst's Garten" vor dem Augusttor an der Wolfenbütteler Straße erschienen sein und sich von staunenden Blicken verfolgt an einen Tisch gesetzt haben, wo er mit großer Geste und lauter Stimme einen Punsch bestellt haben soll. Fridolin hatte dann die Genugtuung, daß er Mittelpunkt war und seinen Auftritt sichtlich genießen konnte.

Während er mit seiner Maskerade bei den übrigen Gästen allgemeine Heiterkeit auslöste, erzürnte er aber mit seinem dreisten Benehmen Gastwirt Holst, der ihn mit Nachdruck veranlaßte, das Garten-Restaurant zu verlassen. Offen blieb, ob er seinen Punsch bezahlt hatte oder nicht.

Wie bei fast allen Originalen bleibt auch über Fridolin zu sagen, daß er im tiefsten Elend gestorben ist. In seinen letzten Lebensjahren verfiel er immer mehr. Er hatte das aufgedunsene Gesicht eines Trinkers mit der rötlichen Nase und den obligatorischen blauen Lippen. Man hat ihn oft gesehen, wenn er für die Schlittschuhläufer auf der Oker hinter dem Löwenwall (damals Monumentsplatz) die Eisbahn gegen einen geringen Obolus fegte. Schlotternd und frierend stand er in den Pausen frosterstarrt abseits – eine bedauernswerte Gestalt.

Doktor Zimmer

Gehörte er auch nicht zu den stadtbekannten Straße-noriginalen, so war Doktor Zimmer, wenn er auch nicht in so hohem Maße populär war wie andere Per-sönlichkeiten, doch zu den Sonderlingen des Braun-

schweigs damaliger Zeit. Er führte in seinem Haus an der Breiten Straße ein wunderliches abgeschlossenes Leben. Zeigte sich der ältere Mann, was sehr selten geschah, einmal auf der Straße, dann glaubten die Menschen, „das lebendig gewordene Bild eines Modejournals aus den Tagen des ersten französischen Kaiserreichs zu sehen. Sein bis auf die Knöchel herabreichender graublauer Schlafrock mit den großen metallenen Knöpfen und der fast kahlgebürstete graue Zylinder sowie der rote seidene Regenschirm stammten zweifellos aus jener Epoche".

Wunderlicher aber als seine äußere Erscheinung war die Wohnung des Sonderlings, die sich auf ein Zimmer beschränkte, während die übrigen Räume leer standen. In seinem Zimmer wimmelte es von Tieren. Hunde und Katzen, Igel und Schildkröten tummelten sich dort ebenso wie zahlreiche Vögel aller Art und lebten mit dem Mann einträchtig zusammen. Ein unbeschreibliches Stimmengewirr umgab den stillen Doktor, der meist an seinem mit Büchern und Papieren bedeckten Schreibtisch saß. Er studierte. Diese sich täglich wiederholende Szenerie spielte sich ausschließlich bei gedämpftem Licht ab, denn die beiden zur Straße hin angebrachten Fenster waren mit Papier verdeckt und ließen lediglich durch einen Schlitz den Ausblick auf die Straße frei.

Die großen Spinnengewebe, die in jeder Ecke und in jedem Winkel des Zimmers zu sehen waren, erklärten, daß Dr. Zimmer sich intensiv mit Wetterbeobachtungen beschäftigte und zu diesem Zweck Spinnen züchtete, die seine Wetterpropheten waren. Von Zeit zu Zeit gab er dann auch Wettervorhersagen ab, die in den „Braunschweiger Anzeigen" erschienen. Trafen seine Voraussagen zu, sprachen die Menschen bewundernd „von dem Orakel der Breiten Straße". Lag er aber mit seiner Prophezeihung daneben, hagelte es Spott und Hohn. So hatte Dr. Zimmer einmal vorausgesagt, daß zur Schafschur warmes, trockenes Wetter herrschen werde. Als die Schur aber begann, setzte die sogenannte „Schafkälte" ein, und es regnete in Strömen. Der durch seinen sarkastischen Witz in der Stadt bekannte Arzt Dr. Schmidt verfaßte daraufhin den Vers:

Dem Wetterprohpeten von heute und immer,

Bekränzet mit Lorbeer den goldenen Zimmer!

Die Schafe bedürfen gut Wetter vor allen,

Drum lassen zum Dank sie den Lorbeer ihm fallen.

Ob Dr. Zimmer die Zeitung gelesen hat, ist nicht bekannt. Er studierte weiter, sagte weiter das Wetter voraus, bis es eines Tages still um ihn wurde.

Sonderlinge

Die Reihe der sogenannten Sonderlinge oder Originale ließe sich beliebig fortsetzen. Da gab es in Braunschweig den *Hoftheater-Direktor Eckhardt,* der dadurch auffiel, daß er aus Geiz, wie man sich erzählte, im Winter keinen Mantel und keine Handschuhe trug. Ein kleines Männchen, wieselte er fast immer mit einem dunklen Röckchen bekleidet und einer schwarzen Mütze auf dem Kopf durch die Straßen, ohne sich umzusehen, zerstreut. Unter dem Arm hielt er stets eine Mappe geklemmt. Der damals beliebte Hoftheater Komiker Oskar Fischer kopierte ihn in den damals gespielten Volksstücken auf der Bühne und erhielt dafür meistens herzerfrischenden Applaus, besonders von den Besuchern auf dem „Heuboden".

Eine kleine verwachsene Person wurde *Pottdorchen* gerufen. Die Frau schlug sich recht und schlecht mit dem Binden von defekten Kochtöpfen durchs Leben. Täglich lief sie durch die Straßen und pries ihre Arbeit mit dem lauten Ruf: „Pötte bi...!" an.

„Dä Huckebeeren danzt up Zwetschenkeeren!" rief die Straßenjugend spottlustig hinter einer älteren Frau her, deren Beruf durch eine große Schere (Schneiderin) erkenntlich war, die sie an der Seite trug. Mit wie wenig die Leute mitunter damals zufrieden sein mußten und auch waren, beweist die Tatsache, daß die Arme oft nur auf den kärglichen Verdienst von täglich einem Mariengroschen (acht Pfennige) kam. Hauptsächlich wurde sie wohl auch wegen ihres humpelnden Ganges von der Jugend verspottet, was sie

natürlich sehr erboste. Aber je mehr sie schimpfte und hinter den Kindern herhinkte, umso lauter war das Gejohle und Gegröhle.

„*Itschenbuk*" war ein Mädchen mit stark geschminktem Gesicht und trat auf Messen sowie Märkten auf. Sie hatte einen Guckkasten, in dem die jungen Leute, wenn sie für einen kleinen Betrag hineinsahen, ihren zukünftigen Ehepartner sehen konnten. Ihr Geschäft soll nicht schlecht gewesen sein. Die Neugier packte schon zu allen Zeiten die Menschen.

Schallte es in den Gassen „Karline, Karline!!", so wußte jeder, daß die *„Detsche Karline"* wieder einmal gehänselt wurde. Ihren nicht gerade schmeichelhaften Namen hatte sie erhalten, weil sie geistig behindert war. Oft zog sie mit einem Henkeltopf durch die Straßen, ging in die Gasthäuser und sammelte die Speisereste ein. Hunger tut weh. Einmal soll eine Wirtin gesagt haben: „Karline, erst wasch mal dienen Pott ut, sonst kriegste nist". Daraufhin soll sie geantwortet haben: „Et is doch hiete erst Dinsedag. Dene wasche ick all Friedag up, ick wett wohl sülben, wat 'r tau heert!"

Immerhin war von 1798 (27000 Einwohner) bis in die 80er Jahre des vergangenen Jahrhunderts die Einwohnerzahl auf etwa 70000 bis 80000 angewachsen, aber die Originale beschäftigten die Menschen auch in jener Zeit, obwohl ihnen immer wieder das Aussterben prophezeit wurde. Namen wie *„Robinson"*, der Ungewaschene vom Augusttorbezirk, *„Nasenrieke"*, die ihren Namen einem dicken Fleischklumpen an der Nase verdankte und wie „Robinson" die Schuttabladeplätze durchwühlte, um noch Brauchbares in ihre Kiepen zu werfen, „Christine", die auch das *„Kornröschen"* gerufen wurde, weil sie in die Felder ging, dort Kornblumen, Mohn und andere wilde Blumen pflückte, um sie zu Kränzen gebunden zu verkaufen. Eine feste Wohnung soll sie nicht, wenigstens nicht im Sommer, gehabt haben. In der

warmen Jahreszeit bevorzugte sie, im Freien oder in Scheunen vor Mascherode oder anderswo vor den Toren der Stadt zu schlafen. Ihre Verunstaltung kann von einem Unfall hergerührt haben, ihre Tiefsinnigkeit von einem gebrochenen Heiratsversprechen.

Es könnte noch der *„Detsche Leopold"* erwähnt werden, der mit seinen Brüdern und einem Karren durch die Straßen zog, um Sand zu verkaufen, der vorwiegend zum Scheuern verwandt wurde. Die Lümmel hatten schnell erkannt, daß er wohl nicht ganz normal war. Wenn er sein „Saand" rief und sich dabei sein Gesicht ganz fürchterlich verzog, foppten ihn die Jungen und riefen ihn beim Schimpfnamen. Er drohte dann: „Mal ne Moppe hebben?" Aber das hielt die Löken nicht davon ab, ihr teuflisches Spiel von vorn zu beginnen.

Auch der *Stuhlflechter Ebert* wird als Original bezeichnet. Er sammelte seine Aufträge auch in den Häusern. Jeder kannte ihn. Er kam niemals bis an die Wohnungstür, sondern rief im Treppenhaus: „Ebert is dä!" Öffnete jemand, rief er „Schrieben se ne Kärte, Langenstrate 4", und war verschwunden.

Sein Sohn soll das Geschäft weitergeführt haben. Aber als es mit den Aufträgen nachgelassen hat, ist er als Musikant herumgezogen. Er war ein kleines Kerlchen mit krummen Beinen, trug stets ein rotes Halstuch und einen runden Schlapphut. Auf dem Rücken schleppte er einen Rucksack mit sich herum, in dem seine ganzen Habseligkeiten waren. Manchmal hatte er über seinen langen Mantel noch einen zweiten angezogen. Warum? Er war glücklich, wenn er für sein Spiel, das eher laut als schön war, etwas Essen bekam und zeigte sich stets dankbar und höflich: „Ich esse auf das Wohl der gnädigen Frau", waren meist seine Worte.

Zeitungsverkäufer Nolte machte am Bahnhof auf sich aufmerksam. Sein lauter Ruf „Szaatungen" war ebenso bekannt wie sein Ulk, den er mitunter mit den Menschen trieb, die ihm keines seiner Exemplare abkauften. Als einmal ein dicker Mann in einen Waggon eingestiegen war, der nicht angekoppelt war, ging Nolte zu ihm und wollte ihm eine Zeitung verkaufen, doch der Mann lehnte unwirsch ab. Als sich aber der Zug in Bewegung gesetzt hatte, war Nolte spitzbübisch lächelnd zu ihm gekommen und hatte auf seine Reaktion gewartet. Der Mann hatte von seinem Mißgeschick, daß sein Waggon zurückgeblieben war, noch gar nichts bemerkt. Aber dann der Fluch des Mannes. Und Nolte darauf ganz ruhig: „Seiet Se woll, härren Se mick ne Zeitunge afeköfft, härre ick Sei eseggt, dat Se in'n Reservewagen sitten, de blivt nämlich meist hier!"

Nachwort

Viele dieser lebendigen Schilderungen über die sogenannten Originale aus längst vergangenen Tagen wurden mündlich übermittelt und hier und da in späteren Jahren aufgeschrieben. Die Erinnerungen an die Kindheit prägten vieles fest und unerschütterlich ein. Ob das Erlebte wirklich originell war, danach fragt die Erinnerung nicht. Wenn alles nur recht aufregend war und in die „Spiele" der Jugend eingegriffen hat. Dies soll keine Kritik an bestimmte Personen sein, sind wir Menschen uns doch fast alle gleich. Es sollte nur einmal erkannt werden, daß es sich bei den immer wieder gern belächelten Straßenoriginalen um Menschen handelte, die höchst beklagenswert waren. Sie gibt es nicht mehr, die Originale; zumindest nicht in Braunschweig. Vielleicht ist es wirklich so, daß sie nur in kleineren Lebensbereichen existieren können, zur Kenntnis genommen werden, wenn auch Beispiele aus anderen Großstädten diese Annahme nicht bestätigen. Wahrscheinlicher aber ist, daß sie sich mit der sogenannten „guten alten Zeit" verabschiedet haben. Das Stadtbild hat sich geändert. Die schmalen Straßen, engen Gassen mußten modernen Verkehrswegen, aus der heutigen Sicht attraktiven Fußgängerzonen weichen. Kaum wissen die Menschen in den ausgedehnten Betonsiedlungen, wer ihre Nachbarn sind. Die Zeit hat sie überrollt. Wo findet noch ein Plausch in einem Tante-Emma-Laden statt? Viele ältere Bürger verbringen ihren Lebensabend in einem Altenheim. Die Kommunikation in der Familie ist zur Seltenheit geworden. Die Unterhaltung wird per

Fernsehen ins Heim gebracht. Die zwischenmenschlichen Beziehungen haben einen Knacks bekommen. Niemand vermochte diese Entwicklung aufzuhalten.

Man kann den Leierkastenmann, der mit seinem Spiel die Menschen zum Verweilen anlockt, noch sehen, seine Melodien wahrnehmen. Aber nur wenige Passanten, die ihm im Vorübergehen eine Münze in den Hut werfen, vernehmen noch seinen Dank. Die Hektik treibt sie weiter. Sie haben keine Zeit für die Zeit – für eine Weile der Besinnung. Der Mann mit der Melone, der immer freundlich lächelt, erinnert mit seinem Auftreten noch an die Vergangenheit. Aber selbst wenn er ein Original wäre, die Menschen würden ihn als solches nicht erkennen. Doch wie dem auch ist, es erzeugt eine Art von wehmütiger Freude, daß zum Amüsement – im besten Sinne des Wortes – die Menschen mit so wenig zufrieden waren.

Mein Dank gilt dem Leiter des Stadtarchivs Braun-
schweig, Dr. Manfred Garzmann, und seinen Mitar-
beitern, besonders dem ehemaligen Angestellten Heinz
Ehlers.

Quellennachweis:
„Braunschweiger Allerlei", Dr. Willi Rosenthal, Braunschweig.
„Braunschweiger Bilderbogen", A. H. Lehne, Braunschweig, Ad.
Hafferburgs Verlag (Paul Graff).
Braunschweig-Archiv.